新文科背景下的翻译学科建设与人才培养

王 超 邹法强 贾 岩 著

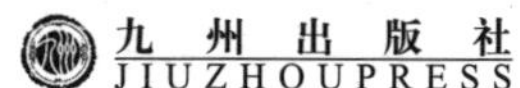
九 州 出 版 社
JIUZHOUPRESS

图书在版编目（CIP）数据

新文科背景下的翻译学科建设与人才培养/王超,邹法强,贾岩著.-- 北京:九州出版社,2024.6.
ISBN 978-7-5225-3158-8

Ⅰ. H059

中国国家版本馆CIP数据核字第2024ZG7589号

新文科背景下的翻译学科建设与人才培养

作　　者　王　超　邹法强　贾　岩　著
责任编辑　刘　嘉
出版发行　九州出版社
地　　址　北京市西城区阜外大街甲 35 号（100037）
发行电话　（010）68992190/3/5/6
网　　址　www. jiuzhoupress. com
印　　刷　唐山才智印刷有限公司
开　　本　710 毫米×1000 毫米　16 开
印　　张　12.75
字　　数　302 千字
版　　次　2025 年 1 月第 1 版
印　　次　2025 年 1 月第 1 次印刷
书　　号　ISBN 978-7-5225-3158-8
定　　价　58.00元

前　言

翻译教学，就是指为了培养外语专业学生翻译能力而进行的教学与实践等活动。随着国际交往日益频繁，社会对翻译人才数量的需求和质量的期待大大提高了。目前，各高校的英语专业基本上都开设了翻译课程，但是学生毕业后，许多人仍然无法完成实际工作中所涉及的翻译任务，能从事与翻译相关工作的应用型翻译人才更是寥寥无几，造成这种现象的主要原因是我们翻译教学存在与社会需求不相适应之处。所以，教育部门要求加快推进翻译教学改革，通过组建优质的师资队伍，构建新型的翻译人才培训体系，增强外语翻译者的跨文化意识，让翻译者成为沟通中外文化的使者，使其更有效地发挥推动国内企业“走出去”的作用。

翻译人才是中华民族伟大复兴进程中沟通中国与世界的重要桥梁，是全面建设社会主义现代化国家新征程中不可或缺的重要力量。近十年来，语言服务业的强势崛起，翻译技术的突飞猛进，不仅改变着翻译作为人类活动的性质和操作方式，也在不断刷新着“翻译”“译者”等概念的内涵与外延。所有这些都将翻译教育者置于前所未见的新时代语境。翻译实践领域出现了许多前所未见的变化，主要体现在翻译的性质和类型、翻译标准和策略、翻译方向性、译者角色以及翻译/译者能力等方面。当前翻译的类型和性质已被刷新，翻译的标准和策略变得更加多元，翻译的方向发生了逆转，译者的角色与能力更加复杂，翻译教育领域须要对这些变化做出回应。

我国的翻译人才培养，既要满足经济发展的需要，又要让翻译人才承担起文化交流的重任。这就须要增强翻译人才的跨文化意识，提高其文化沟通能力，促进我国与他国的文化交流。

新时代翻译领域的各种变化正在给翻译人才培养机构带来巨大挑战，但同时也在创造着新的发展契机。2020 年 11 月 3 日，《新文科建设宣言》发布，对我国的新文科建设做了全面部署，学界达成一致共识，新时代新使命要求文科必须加快创新发展。新文科是国家高等教育“四新”学科发展战略组成部分之一，是一个系统化的理念、标准以及执行体系。作为新文科的重要组成部分，高等外语教育也要顺应时代发展，积极应变，主动求变，从而服务于国家战略发展。在这个大背景下，翻译人才如何结合国家需求、区域需求，积极应对时代变化、市场变化，积极寻求传统翻译人才转型升级范式，积极探索其培养策略成为迫在眉睫的问题。

鉴于此，笔者撰写了《新文科背景下的翻译学科建设与人才培养》一书。全书共计八章。第一章是新文科建设的理论内涵与实践路径，主要内容包括新文科的解读，新文科建设的本质、地位及体系以及新文科建设的意义与人才培养要求；第二章为翻译综述，主要内容有翻译的性质与类型划分、翻译的基本原则以及翻译的准备与过程；第三章讨论了语言服务型翻译人才培养目标与培养模式，主要涉及了翻译人才的培养目标、翻译人才的培养模式以及翻译人才的多元化培养路径等内容；第四章研究了翻译教学方法的改革与创新，主要内容有任务教学法的运用、合作学习法的运用、互动教学法的运用以及项目导向法的运用；第五章分析了新文科背景下译者能力培养探究，主要从口译听辨能力培养和笔译能力培养两个方面展开；第六章是翻译教学改革与跨文化交际能力培养，主要内容有文化差异对翻译教学的影响、文化差异下翻译的原则与策略、中西思维差异对翻译活动的影响、翻译人才的跨文化交际能力培养以及跨文化交际下的翻译教学实施；第七章研究了英语专业本科生翻译能力培养策略，主要从教学目标、教学课程、教学方法、教学内容、教学手段以及教学评价等方面培养英语专业本科生的翻译能力；第八章讨论了基于新文科视域的外语学科建设及翻译人才培养策略，主要内容有：基于新文科视域的翻译学战略任务与实施路径、外语学科建设、翻译专业建设路径、“翻译+专业”跨学科MTI人才培养模式以及MTI特色翻译课程体系构建。

笔者在撰写本书的过程中，借鉴了许多专家和学者的研究成果，在此表示衷心感谢。本书研究的课题涉及的内容十分宽泛，尽管笔者在写作过程中力求完美，但仍难免存在疏漏，恳请各位专家批评指正。

目 录

第一章　新文科建设的理论内涵与实践路径

第一节　新文科的解读

2019 年教育部、科技部等 13 个部门联合启动“六卓越一拔尖”计划 2.0，全面推进新工科、新医科、新农科、新文科建设。在新的历史时期，如何立足我国国情对新文科做出我们自己的解释?新文科建设的核心旨归是什么?这是新文科建设中必须回答的问题。对新文科进行多重维度的观察和思考，就显得尤为必要。

一、从学科维度理解“新文科”

新文科不是对传统文科的否定和彻底颠覆，而是在传统文科基础上的拓展和深化。我们经常从以下三个层面谈论“文科”的概念。一是高考专业选择和学习中与“理科”对应的“文科”，其中语文、英语、政治、历史、地理是文科，数学、物理、化学、生物属于理科，音乐、体育、美术属于艺术类学科。二是与农学、医学、商学、经济学等“实科”相对应的“文科”，主要指语言、文学、历史、哲学等基础性学科。三是高等教育学科专业分类中的“人文社会科学”，也称为哲学社会科学，具体又分为人文科学与社会科学。其中人文科学包括文学、历史学、哲学与艺术学等，社会科学包括法学、教育学、经济学、管理学等。实际上，我们对文科的理解应该是多角度和多层次的。文科是一个多维的概念，上述关于文科的概念界定，本身就具有一定的相对性和包容性，根据划分标准的不同，我们对文科有不同的认知。

那么，何为新文科?美国希拉姆学院 2017 年率先提出的“新文科”，是指对传统文科进行学科重组、文理交叉，即把新技术融入哲学、文学、语言等课程之中，为学生提供综合性的跨学科学习。

国内学者认为，新文科以继承与创新、交叉与融合、协同与共享为主要途径，促进多学科交叉与深度融合，推动传统文科的更新升级，从学科导向转向以需求为导向，从专业分割转向交叉融合，从适应服务转向支撑引领。还有学者指出，新文科建设要在传统文科知识积累的基础上，更加强调哲学社会科学研究的实践意义。另有学者强调，认识新文科要关注新的研究问题、新的研究方法、新的理论视角等。

上述关于“文科”和“新文科”的既有认识和研究，是我们进一步深化理解新文科的重要基础。那么新文科到底“新”在什么地方?

一是“新”在人文精神的主题变化上。文科注重教育中人文精神的养成，但不同时代的人文精神的主题要求不同。可以说，以“人”为中心，彰显人文精神的主题随时代的变化而变化是“新文科”最大的特点。

二是“新”在学科的融合交叉上。综合性是新文科的重要特点，学科交叉和科际整合已经成为推动学科建设的重要手段。这就要求我们聚焦建设学科，加强学科协同交叉融合。着重围绕大物理科学、大社会科学为代表的基础学科，生命科学为代表的前沿学科，信息科学为代表的应用学科，组建交叉学科，促进哲学社会科学、自然科学、工程技术之间的交叉融合。与传统文科相比，新文科视域下各学科之间的界限不再泾渭分明，学科之间的交叉融合成为必然趋势。

三是“新”在教育方式和学习方法上。数字化为人文社会科学研究带来了新的历史发展机遇，我们要推进大数据、人工智能等信息技术与人文社会科学研究的深度融合，进而全方位、全领域、全要素地建构数字化时代人文社会科学研究体系。在本科教育中，也要注重现代信息技术与教育教学深度融合，探索实施网络化、数字化、智能化、个性化的教育，推动形成“互联网+高等教育”新形态，以现代信息技术推动高等教育质量提升的“变轨超车”。大数据、互联网、多媒体等信息技术浪潮，极大地改变着我们的学习和教育方式，为新文科建设提供了高效便利的工具。

二、从历史维度理解“新文科”

不同历史时期对教育的终极追求不同，对文科的要求和侧重点也各不相同。

观察当代中国哲学社会科学，须要有一个宽广的视角，须要放到世界和我国发展大历史中去看。人类社会每一次重大跃进，人类文明每一次重大发展，都离不开哲学社会科学的知识变革和思想先导。从长时段的历史角度出发，我们可以看到“新文科”在历史长河中的演变脉络和趋向，其核心旨归是人文精神的主题随时代的变迁而发生变化。

世界文明史上的教育和学科发展中，有着追求自由与人文精神的传统，而且人文精神的主题随着时代的发展而更新。古希腊倡导“自由教育”和“博雅教育”。“博雅”的拉丁文原意就是“适合自由人”，旨在培养具有广博知识和优雅气质的人。

古希腊和罗马人教育中的“七艺”，包括逻辑、语法、修辞、数学、几何、天文、音乐。在当时，学习的目的在于使人性臻于完善，强调人的自主性，强调人神分离。从文艺复兴到启蒙运动，针对专制制度和宗教禁忌，强调教育在人性解放和觉醒中的重要性，通过教育来摆脱神学和宗教的束缚，把个人自由的追求视为教育的要务。

在我们所处的新的历史时期，在构建人类命运共同体背景下不断强调共享、共生与和谐共生的重要意义，教育中的人文精神主题同样发生了很大的变化。在新文科建设中，需要我们紧密结合新时代人文精神的主题，做出我们当下的新诠释和意义展示。

三、从时代维度理解“新文科”

“新文科”是时代的产物，当前中国处于近代以来最好的发展时期，世界处于百年未有之大变局。大变局在带来大变数的同时，也带来了大机遇，其中“文化文明力量”在迎接大变局中发挥着极为重要的作用。世界多极化、经济全球化、文化多样化、社会信息化对教育发展、学习方式和人才培养提出新的要求，“新文科”同样须要在这一变化的时局下有所作为。

讲好中国“教育故事”，为中国教育问题提供学理解释，提出关于教育和人才培养的中国方案，就显得尤为重要。高等教育要培养时代所需的高素质创新人才，建设“新文科”成为时代的呼唤和要求。

将教育发展与人才培养放置在“百年未有之大变局”背景下来观察，新文科是新时代中国教育界在应对变局中提供中国方案的时代要求。从日益受到重视的“人文学科危机”而言，重提人文精神的塑造，成为新文科走出传统文科的必然选择。

四、从中国维度理解“新文科”

建设“新文科”已经成为世界各国教育界共同关注的话题和行动。在世界各国建设“新文科”共性的基础上，我们的“新文科”建设必须与中国教育的实情紧密结合在一起，与人才培养的现实状况密切结合在一起，真正做到立足于中国立场、体现出中国特色的新文科。中国特色的“新文科”要有时代的使命和担当，主要包括两个方面，一是以“新文科”建设为突破口，在构建有中国特色的学科体系、学术体系、话语体系中有所作为，二是在教育和人才培养中标举立德树人的重要意义。

建设高水平的“新文科”，是提升中国高等教育质量的重要组成部分。建设有中国特色的“新文科”，理应成为高等教育创新和质量提升的重要内容。“新文科”建设是构建中国学科体系、学术体系、话语体系的必然要求。我国是哲学社会科学大国，研究队伍、论文数量、政府投入等在世界上都是排在前面的，要按照立足中国、借鉴国外，挖掘历史、把握当代，关怀人类、面向未来的思路，着力构建中国特色哲学社会科学体系，在指导思想、学科体系、学术体系、话语体系等方面充分体现中国特色、中国风格、中国气派。构建中国学科体系、学术体系、话语体系，是一项长期和艰巨的任务，其中新文科将发挥重要的作用。新文科建设本身就要立足中国立场做出自己的解释，并在实践中彰显中国特色和风格，努力在用中国话语和理论解读中国的教育实践中有所作为。

培养什么人，是教育的首要问题。我国是中国共产党领导的社会主义国家，这就决定了我们的教育必须把培养社会主义建设者和接班人作为根本任务，培养一代又一代拥护中国共产党领导和我国社会主义制度、立志为中国特色社会主义奋斗终生的有用人才。这是教育工作的根本任务，也是教育现代化的方向目标。培养德智体美劳全面发展的社会主义建设者和接班人，归根结底就是立德树人。在新文科建设中，我们必须把立德树人摆在首要和突出的位置，做到以树人为核心，以立德为根本，“真正做到以文化人、以德育人，不断提高学生思想水平、政治觉悟、道德品质、文化素养”。教师在人才培养和教学中，要将“教书”和“育人”有机结合起来，真正发挥教师“人类灵魂的工程师、人类文明传承者”的天职，担负起“传播知识、传播思想、传播真理，塑造灵魂、塑造生命、塑造新人的时代重任”。很明显，在有中国特色的教育中，特别强调的道德养成、文化塑造等，与“新文科”追求的人文精神目标高度一致。这既是中国教育和人才培养的普遍要求，更是新时代“新文科”建设的突出特色。可以说，在教育和人才培养中标举立德树人的意义，是中国特色“新文科”建设的首要任务。

综上所述，新文科建设已经成为当下世界各国教育界不可逆转的新潮流。如上从学科维度、历史维度、时代维度和中国维度的观察，显示出新文科在中国新时代的多重面向和多重意义。可以肯定的是，立足中国立场和赋予新时代人文精神要求的新文科，必将在高等教育和人才培养中发挥越来越重要的作用。

第二节　新文科建设的本质、地位及体系

一、新文科的本质属性

新文科作为国家高等教育发展战略的核心组成部分之一，其自身是一个系统化的理念、标准以及执行体系。必须从新文科概念入手，明确这一概念的内涵、特征及要求，才能够进一步探索新文科建设途径等相关问题。

（一）新文科内涵

新文科概念不是对传统文科的否定。“文科”仍是其本质特征，也是核心特征；而“新”则表明了今后文科建设的取向，是指在原有文科的基础上，重新定位文科的学科内涵以及文科人才培养目标，探索新的建设模式，以此适应时代的发展需求，满足国家的建设需求，供给社会的人才需求。新文科建设的关键取决于对“新”所承载的内涵的理解。“新文科”这个术语并不是一个新生的概念，然而，把新文科建设提升到国家发展战略的高度则是文科建设的一件头等大事。新文科建设对于文科相关学科发展充满了机遇与挑战。在实现中华民族伟大复兴的

“强国梦”背景下，从战略高度重新审视文科在人才培养中的作用，是国家对文科建设的重视，也是文科教育价值的自我体现。那么，该如何理解新文科这一概念？王铭玉、张涛对新文科作了如下定义：“新文科是相对传统文科而言的，是以全球新科技革命、新经济发展、中国特色社会主义进入新时代为背景，突破传统文科的思维模式，以继承与创新、交叉与融合、协同与共享为主要发展建设途径，促进多学科交叉与深度融合，推动传统文科的更新升级，从学科导向转向以需求为导向，从专业分割转向交叉融合，从适应服务转向支撑引领。”由此可见，必须与新时代的发展背景相结合，密切关注国际局势发展变化，才能深刻领悟新文科的内涵，进而促进文科的教育功能。总的来看，新文科建设要以塑造未来高等教育功能为学科建设理念，要积极主动参与学科建设改革，实现文科立德树人的引领作用，以学科内涵式发展作为新文科建设的指南，以传承—创新、交叉—融合、协同—共享为主要建设途径。要时刻明确新文科建设既是文科自身发展的要求，同时也是文科有效服务其他学科的时代要求。在培养多元化创新型文科人才的同时，还要发挥文科对于各级各类人才的人文素养养成的基础作用，为培养具有家国情怀、国际视野的专业性人才发挥文科应有的作用。

（二）新文科特征

新文科既是一个概念问题，也是一个学术问题。我们须要在宏观的理论指导下，提出新文科的建设原则和构建体系，探讨新文科建设的途径和方法；在微观层面开展并实施具体的学科规划和建设方案，并落实到人才培养模式上来。然而，新文科建设不会存在一个标准范式，否则必然要走回传统文科建设的老路。我们应该从“理念、模式、内容、方法”四个方面入手，参照新工科提出的“新理念、新标准、新技术、新模式、新文化”等核心概念，围绕“传承—创新、交叉—融合、协同—共享”等发展途径，探讨新文科建设的“新”路。

新文科的概念绝不是一个单纯停留在学科形态层面的问题，这一概念在提出之时，就带有系统化的概念认知特征。新文科建设是一个系统性工程，是一个涉及内涵、目标、途径等全方位的学科发展战略问题。新文科在具有人文社会科学的一般学科特征的基础上，还应具有战略性、创新性、融合性等特征。这些特征明确了新文科建设的目的、理念以及方法，为新文科建设做出了总体规划。可见，新文科并不单指某一个学科，而指的是一整套学科发展模式的新思维。如果简单地从学科分类或学科定位等方面来研究新文科的内涵与特征，将无法对新文科的建设起到推进作用。

新文科建设需要从新文科建设的起因、理念、手段、目标、效果等几个方面全方位分析新文科的内涵与特征。我们认为新文科建设在整体上应该具有以下五个方面的特征。

1.战略性

这是新文科建设的整体指导与要求，是以当前社会需求与高校文科人才培养之间的供需矛盾为着眼点，能够预见未来社会发展对人才培养提出的新要求。新文科建设要以满足国家发展需求、服务经济社会、解决重大理论及实践问题为建设导向。

2.创新性

文科建设难在创新也胜在创新。难在创新是指传统文科的基本理论知识多是既定事实或常规惯例，与社会发展紧密联系，理论知识形态进化缓慢，因此理论知识的创新较难；而胜在创新是指与其他学科相比，人文社会学科具有相当的灵活性与适应性，可以在传统文科基础上，融入新的学科元素，采用新的教学手段，创建新的专业模式，对现有文科知识体系进行重组，按照特定学科建构目标具体实施。这样一来，新文科必定会在“四新”学科建设上走在前面。

3.开放性

新文科建设要能够密切关注社会需求变化，动态指导并实施新文科建设的具体内容和建设方法。新文科建设不但要体现出学科内涵上的包容性，还要在实施过程中表现出灵活性。在新文科建设过程中，要积极加强对外合作交流，借鉴其他国家丰富的教育资源和先进的管理模式，学习其他学科建设的经验理念，灵活把握新文科建设的内涵和发展方向。

4.系统性

新文科建设既是学科发展问题，也是教育战略实施问题；既是学术研究问题，也是人才培养问题；既是理论问题，也是实践问题。新文科建设是一个涉及理论、研究、实践、方法等方面的系统性学科建设和人才培养体系。这就需要我们为新文科建设设计一套包括学科定位、人才培养、教育实践等在内的完整的建设指导方案。

5.针对性

新文科建设就是针对传统文科的发展问题提出新的设想和建设方案，但绝不是要把文科改造成为其他学科。同时，新文科建设不能采取一刀切的策略，更不能采用固定的标准来指导新文科建设。高等院校要根据自身特点，因地制宜，发挥优势与特色，按照新文科建设的指标要求，结合学科基础开展新文科建设。

二、新文科的学科地位

新文科建设是国家在充分认识文科教育重要作用的前提下，针对文科学科内涵以及人才培养模式如何与时代接轨提出的战略性设想。国家在统筹推进“双一流”建设中，已经明确了一些文科类学科的发展站位，这为新文科建设奠定了良好的基础。“加强新文科建设，要把握新时代哲学社会科学发展的新要求，培育新时代中国特色、中国风格、中国气派的新文化，培养新时代哲学社会科学，推动哲学社会科学与新一轮科技革命和产业变革交叉融合，形成哲学社会科学的中国学派。”这表明新文科建设与文科教育的地位和作用密切相关，是新时代文科自身的作用以及文科与时代发展结合的总要求。

（一）文科教育的作用

文科教育在世界教育史上具有悠久的历史和重要的地位，一直是世界各国教育体制中的核心内容之一。在古代社会，文科教育是统治阶级选拔人才的重要参照，进而文科教育也成为维持王权架构以及统治地位的主要教育内容。发端于欧洲的现代大学教育的宗旨是营造思想活跃、学术自由的氛围，因此在人才培养方面，格外注重人文学科教育对人的知识、品行、素养和精神的培养，通过神学、文学、法律等学科实现对人的精神塑造和自我行为的规范。一所大学长期积淀下来的教育理念体现了该大学的历史传统、精神底蕴和价值追求，而这些都是文科教育的影响。而当今高等文科教育所要承担的传承和发扬人类的文化遗产功能，更离不开文科教育的基础性作用。

概括来讲，文科教育的任务就是增进个体对人类发展过程中生产模式、生活方式以及价值观念的形成和发展演变的认识与了解，文科的发展反映了时代特点，具有时代的烙印。我们必须以发展的眼光审视文科教育，根据时代发展需求，积极开拓探索新文科建设，顺应时代变革性发展特征，提升文科内涵式高质高效发展。通过文科教育，加强各专业人才的人格修养、审美情操、社会责任感，实现个人自我价值，形成适合社会发展的人生观、世界观和价值观。而对于国家来讲，文科建设是国家软实力建设和发展的基础和重要内容。提升文科建设水平，就是提升国家软实力建设水平。

（二）新时期的发展要求

未来，全球将面临资源匮乏、环境污染、气候变化、能源紧缺以及人口老龄化的发展态势，这些问题给人类的生存及可持续发展带来极大的挑战。同时，国际竞争加剧，世界格局多变；经济全球化、文化多元性、社会信息化成为未来世界发展的总特征。新一轮科技革命和产业革命蓄势待发，学科间交叉融合，新兴学科不断涌现，颠覆性技术层出不穷，催生了产业大变革。

新时代是信息化的时代，是新生事物不断涌现的时代。机器人与自主系统、大数据分析、云计算、网络智能空间、智慧城市建设、虚拟现实、合成生物等新生事物和研究方法层出不穷，这些均要求文科人才要适应这种全新的发展态势和挑战。文科人才的培养要紧跟时代发展的脚步，不能单纯局限于文科领域，必须具备基本的理科素养以及工科知识，从而积极参与到社会的发展和建设中来。

新文科建设是中国社会发展对文化建设的整体要求，须要进一步整合现有学科，形成自己的理论，在世界范围内建立中国自己的话语体系，获得更多的国际话语权。新文科建设的任务之一就是要发扬中国文化、讲述中国故事、树立中国学派、表达中国观点。新时代要求新文科建设要形成我国自身的理论体系、学术体系、话语体系。

（三）学科内涵式发展的要求

纵观我国现有文科学科门类，暴露出文理科界限分明、学科门类分化、专业分工过于细致、课程建设雷同相近、人才培养内涵狭窄等突出问题。这就要求新文科建设必须对现有的框架进行大刀阔斧的自我解剖，完成一次自我革命。当前的学科发展中，许多院校在保持传统学科优势的基础上，出现了大量的边缘性学科、交叉性学科以及综合性大学科。这种变化是学科定位的自我变革，也是学科建设的客观规律的自然体现。

在经济全球化以及世界经济一体化的格局下，科学技术飞速发展，科技革命不断创新，对人才的要求趋于国际化。专业型技术人才也要不断提升自身素养，培养自身的中国情怀、人文情怀和人文素养，文科的作用不可小觑。当前社会已经进入信息化时代，人们获取知识的渠道已不限于书本，教师传授知识的传统途径已被弱化，这表明新的时代不仅对教师的角色提出了新要求，对人才的知识结构也提出了新设想，文科建设要适应时代的发展需求教育要按照多样化、个性化、自觉化、自省化等方面全方位发展。“双一流”建设也为文科的内涵式发展提出了新的要求，新文科要更加强调文科类学科间的综合性、实用性以及交叉性，要在卓越和拔尖上做文章，发挥文科的指导和引领作用。

新文科建设是为其他学科人才培养家国情怀、国际视野的基础。在新工科人才培养过程中，同时具有专业技能和人文素养的工科人才，才是现代社会需要的人才。新文科建设还要与新工科、新农科以及新医科建设相结合，加强培养专业型人才的人文素养，如人工智能伦理、绿色农业、医学伦理等。可见，新文科建设可以为其他学科建设注入新元素，助力其他新学科建设，为其他学科培养具有正确价值观和伦理观的人才提供保障。

（四）人才内涵式发展的要求

社会发展对于人才的需求凸显了实践性、实用性等特征，而传统文科教育过于侧重基础性、知识性，缺乏相对的实践能力的引导。当下，新经济发展和新兴产业布局要求新文科人才必须是具有创新能力和实践能力的高素质国际化复合人才。新文科人才不仅要具有厚实宽广的知识基础，还要具有能够运用新技术、新手段来解决现有问题的能力；不仅要游刃于经济、社会和管理之间，还要在某一学科方面学业精深。

整个世界开始由工业化走向信息化时代，社会的发展呈现出高速、系统、辩证的发展趋势。新文科人才应该具有如下特点。一是“文理兼通”。这并不是说文科人才要向理工类领域进行专业化发展，而是要求具备理科素养，培养一定的理科思维，对于自然科学领域的相关知识具有一定了解，并能够把握一些基本原理知识。二是良好的适应性。文科人才应该具有开放性的品质特点，能够适应现代社会的发展。三是良好的沟通能力和协同能力。社会的发展已经由靠个体才智去解决问题的时代转变为群体集约式协调发展的时代，这就要求现代人才要具备相互协作的能力，发挥系统性协调能力。四是优秀的学习能力。随着计算机、互联网和大数据等科技的迅猛发展，新鲜事物层出不穷，因此人们应该具有高效学习和吸收新的技术手段及研究方法的能力。五是国际交流和写作能力。外语能力一直是现代化人才应具备的基本能力之一，新文科建设的一个核心内容便是外语学科的发展和创新。新时代要求中国元素及中国声音必须在国际社会中占有重要地位，所以新文科人才的外语能力必须加强。

（五）国家教育战略布局的要求

联合国教科文组织 2015 年研究报告中指出，全球高等教育呈现出“大众化、国际化、多样化、信息化、终身化”的发展趋势。国际竞争是人才的竞争，而其本质是教育的竞争，国际问题的应对需要国家在人才教育方面要具有前瞻性和预见性。为应对国际复杂多变的形势而做好人才和智能储备，已成为我国教育发展战略的新要求。

在我国，“教育要面向现代化，面向世界，面向未来”，这个指导思想充分体现了教育的前瞻性、战略性、长远性等战略布局思想。新文科建设也须要体现这种战略布局思想观念。吴岩指出：“要把握好国内国际发展新形势、教育发展新机遇，用新判断、新表述、新要求、新措施、新加强、新应对带动高等教育新发展。”新文科建设是文科自身发展适应世界变革、中国发展以及教育改革和国际方位的需要。

新文科建设是国家战略发展、国际竞争新态势，以及未来人才培养目标共同催生的一个时代命题，它关系到中国梦的实现以及国家和民族的未来振兴。同时必须以国家“双一流”建设为契机，为国家发展战略转型和社会发展提供强大的文科人才保障和服务支撑。

三、新文科的体系构建

新文科建设是一个系统工程。对于新文科的建设体系等问题，教育部提出

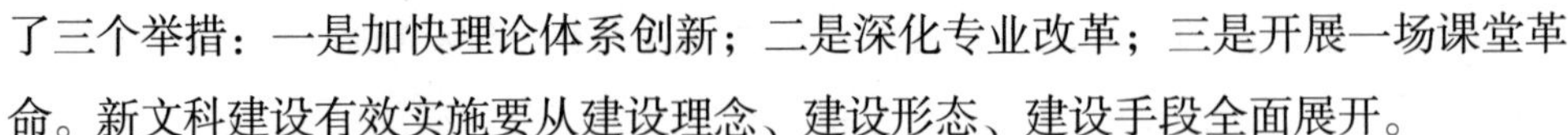

了三个举措：一是加快理论体系创新；二是深化专业改革；三是开展一场课堂革命。新文科建设有效实施要从建设理念、建设形态、建设手段全面展开。

（一）新文科建设理念

新文科建设首先要革新学科理念，从传统狭隘的、近视的区域性、民族性的视角转变为开放的、前瞻的全球性、国际性视角。新文科建设需要可持续性发展，要依据学科建设规律，重组学科构建模式，通过整合学科、交叉学科、重组学科等方式，形成一批新兴学科，如人文地理、国别政治、美国学等学科或专业构建，均可反映出新文科建设的内涵。

新文科建设要以提高人才综合素养为目标，以培养具有家国情怀、人文素养、专业能力、创新能力和协作能力为总体要求。人才培养模式是新文科建设学科定位落实以及建设成效的重要评判指标。新文科专业人才培养模式应围绕以下能力及素养开展：第一，新文科人才必须具备扎实的理论基础和专业知识；第二，新文科人才要具有坚定的终生学习理念以及实践能力；第三，要具有多样性、批判性、辩证性以及创造性的思维模式；第四，要具有健全人格以及协作精神；第五，要具有家国情怀及对人类命运共同体的思考能力。

（二）新文科建设形态

新文科建设要具有可操作性，应从“大”“新”“融”“通”“特”等几个方面开展具体建设及规划，要充分体现大布局、大交叉、大融合、大跨越、大凝练等特点。

“大”，就是设立大文科，可以将一些相关相近的学科按照特定的设计和需求合理整合、交叉、跨越，开展学科定位重构。例如，对传统人文科学所涉及的哲学、历史学、文学等学科进行整合，如建构国学等大文科；对社会科学所涉及的法学、经济学、管理学、教育学等建立中国社会学等大文科。另外，针对外语学科的特殊性，可以结合“外语+”的大外语学科建构模式，如构建美国学、俄罗斯学等对象国别学，也可以构建多语种大外语学科模式。

“新”，就是发展新兴学科，通过不同学科间的相关性确定新的学科定位，如建立人工智能伦理学，在工科领域的计算机科学的建设和发展过程中，用伦理来指导人工智能发展，如机器人伦理、网络伦理、自媒体伦理，等等。同时，面向未来的新文科建设要能够应对未来发展中遇到的问题，新文科建设的理念、思路、模式和路径要有突破性的进展，可以考虑建设科学化文科。

"融"，就是融入新研究思想与研究方法。以往自然科学和人文社会科学之间，由于研究对象和研究方法存在较大差异，使得文理学科之间泾渭分明。然而，随着现代科技的发展，可以将智能技术、计算机应用计算、大数据、云计算等研究方法融入新文科建设研究方法和教育手段当中，以此来推动文科类学科的发展；同时，以文科的人文优势来填补理工类教育中相对缺少的对人格修养、审美情操和社会责任感等方面的培养。

"通"，就是开展跨学科的新文科建设，达到通晓不同领域知识体系的能力和操作技能。例如，改革开放以来，我国许多理工科院校开办的文科专业，对于文科人才培养内涵具有深远的意义，出现了一些有别于传统意识的边缘交叉学科，如信息科学、环境科学、工业设计、工业管理等。这也是我国学者在对文科专业的办学内涵以及人才培养进行研究时，最早提出的"新文科"的概念，专门用来指理工院校所创办的文科专业。由于这些专业的建设依托理工院校的学科基础，必然为这些文科专业注入了理工科知识的元素，使得这些专业具有了边缘交叉的特点。

"特"，就是要建设我国独有的学科内涵。以民族学为例，我国特有的民族语言文化建设，直接关乎国家的语言文化安全，具有重要的战略意义。新文科建设要根据各高校实际情况，结合自身优势和特色，进一步凝练重组学科结构，创新开拓新兴交叉点，将高校分为优势文科高校、综合性高校、一般地方高校三种，以便于"四新"学科建设的开展。

（三）新文科建设路径

学科、专业与课程是学科学术建构体系的组织形式，在传统学科专业构建模式中，通常表现为多个课程支撑一个专业，多个专业支撑一个学科，各个专业的课程相对独立，互不相交。

传统学科构建体系的优点显而易见：第一，可以通过学科发展内涵来设置具有不同特征的专业；第二，各专业可以按照自己的培养方案来设计具体的课程；第三，如果学科内涵有所更新，只须要找到对应的具体课程进行修订即可，不会影响其他专业的建设。这种模式最大的好处就在于学科构建体系具有一定的稳定性与支撑力，单独更改某一门课程或专业并不会对整个学科产生较大的影响。

然而，这种优点也正是该建构模式的缺陷所在，那就是各专业之间的联系较少。此外，传统专业和学科的教学体系，是依据单一学科的教学发展需要而建立起来的，且不断加以完善，然而，由于各个学科的资源有限，专业之间无法资源共享，教学资源相对分散，因此整体的教育质量也无法得到保障。正如前文所述，纵观我国现有的学科门类，不仅文理学科界限分明，就连具有文科属性的学科之间也都处于“分门别户”的状态。

从整体上看，专业以学科为依托，学科由专业所支撑，各学科之间理应存在交叉。然而，由于课程的设置问题，导致专业之间的联系变弱，进一步导致学科之间缺少了互动。

究其根本，还是由于专业划分过细，使得课程设置的针对性太强，导致学科间无法相互交叉。可见，传统的学科专业设置体系无法做到学科与学科、专业与专业之间的融合，也无法进行优势互补，这种培养模式不能满足新时代对人才的需求。新文科建设在学科建设的理念上就要有别于传统的学科建设，人才的培养不能局限于某一些课程、某一专业乃至某一学科，只有这样才能培养出符合国家发展需求的新时代复合型人才。

通过分析我们知道，课程作为将学生和专业乃至学科连接在一起的纽带，起着至关重要的作用。只有不同专业或不同学科的学生共享相同课程，才能真正在实践层面做到专业的交叉，进而做到学科间的融合。在现有教学模式中，很多学校都设置了通识类课程，但由于缺少系统性的课程安排，学生课程间关联度不够，无法达到人才培养的特定要求。我们提出，新文科建设要遵循以下发展路径：首先，坚持学科建设—专业建设—课程建设一体化的发展路径；其次，动态性调整人才培养内涵，通过调整课程体系，更新教学内容，使新文科始终处于“新”的状态；再次，根据时代发展需求，使新文科各学科、专业、课程相互融合；最后，新文科与其他学科、专业的教学理念、方法和工具等方面要互相借鉴，使文科生具有其他学科的基本素养，也使其他学科学生接受充分的文科教育，成为具有人文情怀素养的合格人才。

学科之间的交叉和新专业的产生都通过课程来实现，不同学科可以共享一些课程。很重要的一点是，这种建构模式是动态的，也就是说所有的课程都具有灵活性。这种动态性指的是，当新文科内涵发生变化时，只须要通过不同课程的结合或者增添新的课程的方式，就可以满足各个学科和专业的培养要求。因为在融合后的新文科里，除了专业型较强的课程，其他课程都是共享的，可以被各个专业和学科所共用。总的来讲，我们认为新文科建设可以从以下几个途径展开。

1.大类招生、大类培养

现有文科学科分类和专业设置过细，学科专业内涵狭窄单一，专业之间各自为政，界限明确，不利于资源共享和部门之间协作交流。在知识爆炸的时代，专业设置及课程体系设置过于专门化，忽略了相关学科知识对于人才培养相互促进依托的作用。现有文科领域涵盖人文科学类和社会科学两大学科群，这两大学科群内部各学科之间相交相融，如人文科学中的历史、文学、艺术等学科以及社会科学中的经济、法律、管理等学科之间交叉重叠。新文科建设应以人文科学或社会科学大类为招生和培养基础，培养宽口径、厚基础、专业化的新型人才。例如，文学、历史学、语言学等学科专业应以大人文学科为培养基础，开展人文学科通识化教育，进而形成专业领域，分类培养。

2.学科交叉、跨类培养

学科交叉可以把相关学科结合到一起，开展跨学科专业人才培养。例如，在人文科学和社会科学两个领域间开展相关学科交叉模式，拓宽学科领域和内涵，如历史和政治学科交叉，形成人文政治等学科方向。文科领域学科也可以通过与理工科结合，开展文理交叉，构建新文科，如外语教育学、智能伦理学、智能管理学等新学科建设。这里文理交叉不是把文科学生培养成理工科人才，也不是把理工科人才培养成文科人才，而是把现代技术手段融入文科学科体系构建及教学研究中。而对于理科、工科、医科、农科等学科，要充分发挥文科的作用，凸显文科对于理、工、农、医等学科人才的人文性以及社会性培养的重要作用，如技术伦理、农业伦理、医学伦理等观念的培养。

3.主辅结合、混合培养

在现有专业设置的基础上，可以扩大主修专业与辅修专业相结合的新学科建设模式，培养学生兼具不同学科领域知识、理论及研究方法。这种方式也是现有人才复合化培养的主要模式，只需我们进一步加强专业内涵设置和培养要求，真正达到人才复合化培养的目的。新文科建设鼓励跨学科开展人才培养，而主修专业和辅修专业可以有效弥补现有学科专业界限分明的弊端，结合学生个人兴趣和特长，引导并为学生创造复合化培养的途径，为文科人才提供更为宽泛的学习和知识拓展的途径，进而提升文科人才的内涵。同时，也为非文科学生提供文科专业学习条件，发挥文科的教育功能，这也是新文科建设的核心内容之一。

4.学科重组、融合培养

学科专业设置的目的是培养各级各类人才，进而满足国家社会对人才的需求。学科专业设置要结合时代变迁以及国家发展和世界变化，增强人才培养需求的时效性和紧迫性。可依托某一学科开展学科重组，融入相关学科知识，提升人才培养内涵，满足国家社会需求。例如，构建大外语学科，可依托外语学科构建国别区域学，如英国学、非洲学、中亚学等涵盖语言、文化、社会、宗教、民族等学科在内的大外语学科。这样，可以改变以往外文专业语言文学人才的单一培养，充分发挥语言的工具属性，把目标语言国家的社会、文化、经济、历史、政治等学科知识作为外文学科构建的核心部分，培养专门人才。这种从学科内涵角度开展新文科建设，是新文科建设的主要形态。

5.中外结合、特色培养

新文科建设的目标之一是提升高等教育国际化水平。要紧密结合高等教育国际化的发展战略，采取中外联合培养，通过中外不同的人才培养模式，形成中外学科间的互补与交叉。国际化是新文科建设的核心任务，其主要目的是培养具有国际化视野和国际竞争力的各级各类人才。国际化不仅需要外语学科的大力参与，开展外语能力建设，提升外语水平，同时，也要借鉴国外先进的教育理念以及人才培养模式，进而提升高等教育国际平台以及人才培养建设内涵。中外联合培养的方式一方面可以扩大国际交流，另一方面可以进一步优化人才培养方式，推进高等教育国际化水平。

此外，新文科建设在具体实施时，要改变以传授为主导的传统式文科教育。新文科建设的教学手段要以信息化时代特征为基本出发点，利用现代科技，改变传统书本课堂教学模式，改变教师角色，利用互联网、慕课、微课等手段开展多模态的教学方式。

新文科建设已经成为当前国家人才培养以及学科内涵式发展的必然要求，这对于我国构建国家话语体系，获得国际话语权及提高国家国际地位有着重要的作用。新时代背景下的新文科建设应当具有战略性、创新性、开放性、系统性和针对性等特点，要以提高人才综合素养为目标，从“大文科、新学科、融方法、跨专业、特色化”五个方面开展新文科的具体建设与规划。新文科建设要基于传统文科教育，以学科建设—专业建设—课程建设一体化为具体路径，真正为国家培养符合新时代发展需求的文科人才。

新文科建设是一个系统性工程，不只是学科内涵以及专业设置等学科定位问题，还应包含学科研究、学科基地、学科管理、学科队伍、国际化交流等方面的建设。由于篇幅所限，本文只对新文科建设内涵等相关问题展开了讨论，而其他方面是传统学科建设与新文科建设均存在的一般性建设问题，未列入本文的探讨中。

第三节　新文科建设的意义与人才培养要求

一、我国新文科建设的战略意义

（一）建设现代化大国和科教强国的需要

以一流人才支撑一流国家建设，是强国崛起的基本逻辑。国家创新发展的硬实力和软实力，归根结底都要依靠人才实力。培养什么样的人才，如何培养高质量的人才，也同样是哲学社会科学教育的时代命题，也是新文科建设面对的机遇和挑战。

基于此，新文科建设的目标是培养具有新时代中国特色、中国风格、中国气派的先进文化，培养优秀的社会科学家。哲学社会科学应立足中国现实，植根中国大地，把当代中国发展进步和当代中国人精彩生活表现好、展示好，把中国精神、中国价值、中国力量阐释好。创新是哲学社会科学发展的永恒主题，也是社会发展、实践深化、历史前进对哲学社会科学的必然要求。新文科无疑是对哲学社会科学人才培养的新尝试。

（二）彰显文化自信和培育新文化的需要

新文科建设是以文化人、以文育人、以文培元的使命的具体履行。大规模的文化建设构成了物质成就的精神或灵魂，文化自信是一种精神力量，它只有在物质领域发展的特定阶段上才会得到高度的凝聚；但它一经形成，便会成为一种贯穿于各种认识和实践活动的支配力量。新文科建设是社会主义先进文化的重要载体，对提升国家文化软实力具有重要意义。一方面，新文科建设要培养具有文化自信的文化建设主力军，并将文化带入实践中，观照和表达民生，传承和发扬文化；另一方面，新文科建设培育的人才应能推动中华优秀传统文化创造性转化和创新性发展，讲好中国故事，满足人民群众日益增长的文化生活需要。

（三）参与并融入国际交流语境的需要

新文科建设要尝试重新构建学科体系、学术体系与话语体系，这是培养发出中国声音、形成中国主张、推广中国经验人才的需要，是形成有中国特色的哲学社会科学学派的需要。

体现中国文化的一脉相承，开放包容，面向未来围绕我国和世界发展面临的重大问题，着力提出能够体现中国立场、中国智慧、中国价值的理念、主张、方案，更好地用中国理论解读中国实践。如何培养新文科人才？一方面，为全面提升人文社会科学学术原创能力、思想引领能力、学术话语体系构建与传播能力、国际学术影响力，打造一批人文社会科学学术人才基地和原创思想策源地，强基固本，进一步融入国际交流和深度对话中，发扬中国文化、传播中国思想；另一方面，秉持开放包容的大国态度，将优秀人文社会科学吸收和借鉴到先进文化中来，形成有独立主张的中国理解和阐释，积极参与和融入多元国际合作和全球治理中，发出中国声音。

（四）应对科技创新、产业革命和新经济的需要

互联网、数据技术等新技术改变现有产业结构、产业形态和产业内容，催生

新产业的诞生，主要体现为产业的数字化和智能化。信息技术与人文社会科学的融合已经成为一个国际趋势，新文科建设是实现哲学社会科学与科技革命交叉融合在高等教育中的实践。这不仅促进了人文社会领域教育和科研在对象、内容、过程、方法以及结果上的革新，同时也催生出新兴的产业内容或领域，产生了新的人才需求和定位，如数字内容产业、数字文化产业、数字创意产业等。同时，在互联网、大数据和媒体融合的助力下，已有的人文社会科学成果可以在数字化平台上得到更大范围和更有穿透力的显现、传播、共享和增值，发挥出新的社会效益和经济效益，这也催生出社会对人文社会科学人才培养的新要求。

（五）高校进行专业结构优化调整与人才培养模式改革的需要

高校专业建设要服从和服务于科技进步和经济社会发展需要，要把社会需求作为高校专业设置和优化调整的第一准则。新时代高校教育教学改革的关键任务之一就是要主动适应和引领新技术、新产业、新业态、新模式，优化高校专业布局，实现人才培养结构、培养模式与国家需求相匹配，专业体系、人才培养体系与产业链、创新链等相衔接。专业是人才培养的“基本单元”。从这种意义上看，专业结构的优化调整是决定我国高等教育能否实现高质量发展的关键一环。我国高校现有为数不少专业的培养目标与定位比较模糊，专业核心能力与核心素养不够明确，课程体系与课程内容无法有效支撑专业培养目标和学生毕业素质要求的达成。此外，一个特别明显的不足是，有关专业在人才培养方案的设计上往往囿于单一的学科或专业门类界限进行课程设计，较少进行跨学科、跨专业的主题课程开放选修，也没有给予学生更多的学习选择权。这种文理科、文科各专业之间的隔断或界限不利于跨学科交叉的创新人才培养，也不利于人才培养匹配社会需求。新文科的建设旨在改变现有文科教育模式，推动文科人才培养模式和教育组织形式的变革。

二、新文科的人才培养改革基本要求

新文科建设的推进必然伴随着人才培养改革，它体现了文科教育的几大创新。

（一）文科教育的新理念

和新工科、新医科和新农科的目标一致，新文科首先要树立能力与素质并重的培养理念，实现创新性高质量文科人才培养。通过对文科知识结构和知识体系的重建，在教学模式与课程组织形式等方面实现全方位改革，从而突出本科教育对文科人才创新意识和创新能力的培养。具体而言，就是要改变以往文科教育强调理论基础和思辨能力、忽视实践操作和动手能力，重视科研论文产出、忽视文科成果的多样化形式表达呈现等现象，推动文科本科教育和人才培养在定位目标、学生发展、成果产出等方面的全方位转型。

其次，在新文科教育中要导入“学生中心、成效导向、持续改进”等工程教育认证理念。“以学生为中心”就是在新文科教育体系中要从学生发展、学生成长等基本要求出发，从新文科培养目标的精准定位出发，通过课程体系与课程内容支撑学生毕业能力与素质要求的充分实现，助力学生成长成才。“以成效为导向”就是要长期跟踪和评价学生的培养成效，并将有关评价结果运用到新文科人才培养目标、方案和实现过程的持续改进，从而形成一个高效的人才培养闭环系统。“以持续改进为原则”就是要通过对文科人才培养全过程的质量控制和总结反思，不断丰富和充实新文科本科人才培养的目标与内涵，从而实现对新文科教育成果与价值的可测量与可评估，从过程和结果上推进文科教育的高质量发展和实践。

（二）文科教育的新定位

为人文社会科学研究、公共文化服务、社会治理实践等培养具有创新创业能力、跨界整合能力的高素质人才是新文科的使命。这就决定了文科教育需要在遵循人文社会科学基本规律的同时，注重与社会发展和技术革命相呼应。人文社会科学研究的研究对象、研究方法、研究范式的变革和中国学科体系、学术体系与话语体系建设的新需求，以及新技术、新方法和新手段的新变化，均对文科教育的发展定位提出了更高要求。文科教育的新定位要求文科人才不仅要有扎实的本专业相关知识，更要能主动兼容、学习和吸收其他相关专业的知识或技能，在跨界、融通、整合和合作中实现文科教育的创新发展。

（三）文科教育的新结构

一直以来，我国文科人才培养规模不小，但学科专业的结构性矛盾较为明显。有些学科专业与社会需求不对应，一些学科专业的低层次重复建设现象严重；有些学科专业社会急需，却发展缓慢。同时，不少文科专业在教育内容上理论与实践的联系也不密切。这些教育结构性矛盾是加剧文科毕业生就业难的重要原因。通过新文科建设，建立起一种文科人才培养结构的动态调控机制，也是当前深化文科教育体制改革的重点和难点。一方面，从整体出发，对文科教育体系进行规划，对现有文科学科专业进行存量调整，精选和优选一流文科专业建设点，对部分文科专业进行整合调整，明确定位和方向，统筹规划，因地制宜、因校制宜、因课制宜地建设和共享一流课程，细化新文科专业和课程布局的共享力度，优化资源配置，做出大文科对大文化的现实回应和精细落实；另一方面，建立开放、包容、渗透、关联性的文科体系，通过多学科专业的交叉融合，特别是文理工交叉融合实现新专业的增量优化。即突破文科内浅层次简单交叉，解决和哪些学科交叉、如何交叉等问题，以人才培养目标的明确定位和社会需求的引导为原则，持续深化文科教育教学的改革，实现学科专业的科学交叉和融合。

（四）文科人才培养的新模式

文科人才培养可以借鉴工程教育专业认证的理念和要求，明确能力结构、素质要求与课程结构和课程内容的映射关系；引进质量管理理念，对教学过程和结果、人才培养体系等进行全流程控制，建立质量评价体系，接轨国际化联合认证体系；建设一流本科专业并进行一流专业的认定，实现新文科教育流程重组和结构再造相结合。在课程体系与课程组织方式上，突出项目化课程与实践环节的要求，特别是与文创内容的结合，这对文科教育整个体系的功能规划、学习资源建设、学习环境设计、学习方法创新、组织运作方式和学习测评方式都将带来一定的影响，强化教育方法与现代技术在新文科教学实践的植入；将创新创业教育融入全过程，这就要求文科学生的能力素养需要进行升级，在项目化学习过程中，培养学生创新能力、沟通能力、批判性思维能力、竞争与合作精神等。培育文科教育的创新文化，深化跨院校、跨行业和跨领域的协作，充分利用数字化学习资源，提升学生的数字素养，开设和行业需求相匹配的课程，利用研究和创新中心，生成和实现新创意。

第二章　翻译综述

第一节　翻译的性质与类型划分

随着世界经济全球化的不断加深，国与国之间的交流日益频繁。翻译作为媒介和信息转换的手段，其重要性日益凸显。事实上，自翻译活动诞生以来，人们对翻译的各种研究就没有停止过。本节首先对翻译的各种基础知识进行介绍，包括翻译的性质与分类等，以帮助读者对翻译活动有一个整体的把握和认知。

一、翻译的性质

翻译是什么？不同的人对此问题有不同的看法，不同的看法会产生不同的翻译方法和策略。以下是持不同翻译观的学者对翻译的解释。

语言学翻译观可分为传统型和当代型两种。传统型语言学翻译观以 19 世纪以来的传统语言学理论为基础研究翻译问题。例如，英国语言学家卡特福德（Catford）认为“翻译是一项对语言进行操作的工作，即用一种语言（SL）中的文本（text）来替代另一种语言（TL）的文本的过程”。张培基认为“翻译是用一种语言把另一种语言所表达的思维内容准确而完整地重新表达出来的语言活动”。

苏联语言学家巴尔胡达罗夫则认为，“翻译是把一种语言的连贯性话语在保持其内容及意义的情况下，改变为另一种语言的连贯性话语的过程”。

当代语言学翻译观主要受当代语言学的影响，把研究的观点从语言本身扩展到交际语境、语域、语用等领域，认为翻译是一种交际活动，进而从语言的功能和交际的角度来研究翻译，一般注重的是翻译信息而不是文字，目的是与接受者沟通。在西方翻译理论上，持交际翻译观的代表人物是尤金·奈达。奈达认为

“翻译就是在译入语中再现与原语的信息最贴近的自然对等物，首先是就意义而言，其次是就文体而言”。这条定义常常被人引用。奈达认为，理想的译文应该由读者的反应来衡量，即译文读者对译文的反应应该与原文读者对原文的反应大致相同。我国著名翻译理论家刘宓庆则认为“翻译的实质是语际的意义转换”。

文艺学翻译规则从文艺学的角度来解释翻译。他们认为，翻译是艺术创作的一种形式，强调语言的创造功能，讲究译品的艺术效果。文化学翻译规则以文化为重点来研究翻译。持文化翻译观的学者认为，翻译不仅是语言符号的转换，而且是一种思想文化的交流，“翻译是将一种语言所蕴含的意思用另一种语言文字表达出来的文化活动”，“翻译是跨语言、跨文化的交流”。

从以上持不同翻译观的学者和翻译理论家对翻译的定义或解释来看，翻译过程不仅涉及两种语言，而且还涉及两种文化。由此可见，翻译既是一种语言活动，也是一种文化活动。语言是文化的载体。翻译是通过语言机制的转换连接或沟通自身文化与异国文化的桥梁。实际上，翻译是两个语言社会之间的交际过程和交际工具，目的是要促进本语言社会的政治、经济或文化进步，任务是要把原作中包含的现实世界的逻辑映象或艺术映象，完好无损地从一种语言中移注到另一种语言中去。

二、翻译的分类

（一）不同视角下的分类

“翻译”这个术语是一个笼统的概念。广义地讲，翻译包括语言和非语言符号之间的转换。我们要讨论的翻译一般则集中在语言上，就是将某一语言活动的言语产物转换到另一种语言中去。整个翻译活动可以按照不同的处理方法把翻译分为若干类型。

就翻译所使用的源出语和目的语而言，翻译可分为语内翻译、语际翻译和符际翻译。语内翻译指在同一种语言内部的不同语言变体之间进行翻译。例如，将古代汉语译为现代汉语，上海话译为普通话，四川话译为广东话等。语际翻译就是把本族语译为外族语，或将外族语译为本族语。例如，将汉语译为英语，或将德语译为汉语。符际翻译指各种非语言符号之间的转换。例如，当我们处在一个陌生的语言环境中，尽管自己不懂该环境的语言，但当我们看到公路上红绿灯亮了，仍能解读出其含义。

就翻译的活动方式而言，翻译可分为口译、笔译、机器翻译和网络翻译。口译多用于外交会晤、经贸谈判、学术研讨和参观游览等场合。笔译多用于公文往来、商务信息、科学著作和文学翻译等活动。机器翻译主要利用计算机和其他设备进行，人工只起辅助作用。网络翻译则是随着计算机网络的普及而发展起来的一种新兴、快捷的翻译方式，主要依靠网络进行。

就翻译材料的文体而言，翻译可分为新闻文体、科技文体、应用文体、文学文体和论述文体。新闻文体包括新闻报道、电讯、新闻评论等。科技文体包括科学著作、实验报告、情报资料、设备和产品说明等。应用文体包括广告、启事、通知、契约、合同、公函、私信等。文学文体包括小说、散文、诗歌、戏剧等。论述文体包括社会科学著作、政治文献、演说报告等。

就翻译活动的处理方式而言，翻译可分为全译、节译、摘译、编译。全译就是把原文原封不动地照译出来，译者不得任意增删或自行改动，但必要时可加注说明或加序评论。节译就是根据原文内容把原文的全部或部分进行节缩译出，但应保持原作内容相对完整。摘译就是译者根据实际需要摘取原文的中心内容或个别章节进行翻译，内容一般是原作的核心部分或内容概要。编译指译者在译出原文的基础上以译文为材料进行编辑加工。

（二）雅各布逊的分类

美国语言学家、翻译理论家罗曼·雅各布逊（Roman Jakobson）认为，翻译是用另一种语言解释原文的语言符号。他在《论翻译的语言学问题》（On Linguistic Aspects of Translation）中，从语言学和符号学的角度，即按所涉及的两种代码的性质，将翻译分为语内翻译、语际翻译和符际翻译。可以说，这三种类型的翻译几乎包括了一切语言的交际活动。这种翻译分类也打破了翻译的传统框架，开阔了人们对翻译认识的视野。此后，翻译的领域作为一个概念得到了扩展，翻译方法的研究也开始进入一个崭新的阶段。下面就来详细分析这三种翻译类型。

1.语内翻译

语内翻译是用同一语言的另一符号来阐释其言语符号。换句话说，语内翻译是同一语言间不同语言变体的翻译，如把用古英语写的《贝奥武甫》译成现代英语，把用古汉语写的《史记》译成现代汉语，把客家话译成普通话，把黑话、行话译成普通语言等。语内翻译就是把一种语言材料用同一种语言换一种说法，即重新解释一遍。语内翻译包括古代语与现代语、方言与民族共同语、方言与方言之间的转换。英语学习中解释疑难句子常常用到的paraphrase其实也是一种语内翻译，即同一种语言内部的翻译。

语内翻译不一定要指向某个预设的真理，它还可以沿着不同的路线导向、不同的目的地，唯一能够确定的是，对同一文本的阐释有着共同的出发点。在某种程度上，语内翻译不需要将意指对象完整真实地显现出来，它仅是一种表现形式，体现着人类精神相互沟通和相互阐发的过程，人类精神文化的不断创造过程使人类文化不断丰富起来。

2.语际翻译

语际翻译是运用另外一门语言的符号来阐释言语符号。换句话说，语际翻译是一种语言的符号与另一种语言的符号之间的口头或笔头的转换，如英译汉、汉译英等。实际上，语际翻译也就是人们通常所指的真正意义上的翻译，也可以说是狭义的翻译。

语际翻译是对原文符号在另一种文化中的解读，原文本中所有的符号都置身于一个宏观的文化背景中，或称“非语言符号体系”中。要想达到语际翻译层面的对等，就要使处于源语文化中的符号在目的语文化中进行正确的解读与传译。从符号学的角度来讲，一个语言符号的指示意义由三种意义共同构成：语义意义、句法意义和语用意义。

3.符际翻译

符际翻译就是运用非言语符号系统来阐释言语符号。也就是说，符际翻译是语言与非语言符号或非语言符号间的翻译，语言与手势语间的翻译，英语与计算机代码间的翻译，数学符号、音乐符号、美术符号、手势语与旗语间的翻译等都属于符际翻译。南京大学外国语学院教授许钧指出，所谓符际翻译就是人类掌握的语言文字、音乐、绘画、舞蹈几种符号之间的翻译。这需要通过感知，领悟音乐、绘画、文字和数理等符号系统。一般来说，掌握的符号越多，符号之间的翻译能力越强，感觉世界的能力也就越强。可见，符际翻译是指原文符号在非言语层面上的解读。它并不传递原文的意义，而是传递对语文的直接感觉，是对作为基于图像符号意义本身特性的翻译。具体来说，符际翻译对等表明了原文与译文的一些相关的物理特征。英汉差异使译文在长度、标点符号使用上难以达到对等，但在符际层面上至少要达到外观结构上的大致对等。

（三）卡特福德的分类

英国语言学家和翻译理论家卡特福德根据翻译的范围、层次和等级对翻译进行了分类，具体如下：

1.根据翻译的范围，可将其分为全文翻译和部分翻译

全文翻译是指源语文本的每一部分都要用译语文本的材料来替代。部分翻译是指源语文本的某一部分或某些部分是未翻译的，只须把它们简单移植到译语文本中即可。部分翻译并非节译，而是某些词出于种种原因不可译或不译，只能原封不动地搬入译文。

2.根据翻译的层次，即语法、词汇、语音、词形等，翻译可分为完全翻译（total translation）和有限翻译（restricted translation）

完全翻译是指源语的语法和词汇被等值的译语的语法和词汇所替换；有限翻译则是指源语的文本材料仅在一个层次上被等值的译语文本材料所替换。

3.根据语言的等级

即词素、词、短语或意群、分句或句子，可将翻译分为逐词翻译（word for word translation）、直译（literal translation）和意译（free translation）。逐词翻译是建立在单词级上的等值关系，意译“不受限制，可以在上下级之间变动，总是趋于向较高级的等级变动……甚至超过句子的层次”，直译则是介于逐词翻译和意译之间的翻译。

三、翻译活动的性质与标准

（一）了解翻译过程

翻译的过程分为理解、表达和校核等阶段。理解是表达的前提，没有准确透彻的理解，就不可能有准确透彻的表达。对初学翻译的学生来讲，在时间允许的前提下，对原文至少要阅读三遍。第一遍初读原文，掌握全文大意和中心思想，对疑难词做上记号；第二遍细读原文，查资料解决疑难问题；第三遍通读原文，做到完全理解原文的精神。这是一个先见森林、再见树木、再见森林的过程。

以上对翻译过程的划分是符合翻译实际的。对于从事翻译工作时间长一点的译员，这三个阶段的界限不是那么分明，他们往往是一边理解，一边就在考虑如何表达；一边表达，一边就在加深理解；一边校对，一边润饰，一边可能又在进一步理解。而初学翻译的学生，由于语言水平所限，不可能“三管齐下”，只能在理解的基础上，再考虑表达，表达好了，最后审校。

译者在理解原文的过程中，要解决以下问题：要理解原文的语言现象，对一些词语、短语、成语和表达方式正确理解，特别是多义词，要弄清其含义；理解和分析句子间的逻辑关系，可以帮助我们理解靠语言分析不能解决的问题；要理解原文中涉及的事物的背景知识和相关知识。

表达是把理解了的内容传达出来。在这个过程中要解决以下问题：处理好忠实与通顺的关系，做到两者兼顾；处理好内容与形式的关系，尽量同时传达出原文的内容与形式，无法两者兼顾时，只好放弃形式，传达语义即可；处理好创作与翻译的关系，在翻译过程中，译者要尽量克制自己的创作欲望和语言风格，要记住自己在翻译别人的作品，不是在随心所欲搞创作，既要尊重原作者的创作，又要尊重译入语的语言规范。对初学翻译的学生而言，他们往往还不可能去考虑翻译行业的社会规范和出版商的要求。

审校阶段是理解与表达的进一步深化，是对原文内容进一步核实、对译文语言进一步推敲的阶段。我们在翻译时尽管十分细心，但译文难免会有错漏或字句欠妥的地方。在审校阶段应该特别注意以下各点：

第一，人名、地名、日期、方位、数字等有无错漏；

第二，译文的段、句或重要的词有无错漏；

第三，修改译文中译错的和不妥的句子、词组和词；

第四，力求译文没有冷僻罕见的词汇或陈词滥调，力求译文段落、标点符号正确无误。

一般来讲，译完之后，至少需要审校两遍：第一遍对照原文着重审校内容；第二遍着重润饰文字。如果时间允许，再把已审校的译文对照原文通读一遍，做最后一次检查、修改，务必使所有问题都得到解决，译文才算是定稿。

总之，翻译既是语言再现的艺术，又有一定的程序和规律，了解翻译的过程，才能使翻译工作事半功倍。

在翻译课程中，教师应该让学生初步了解一些翻译基础理论，不宜长篇大论，只做介绍性的讲解或者融于翻译练习中讲解。

（二）理解翻译活动的性质

翻译是人类最复杂、最困难的活动之一，涉及人的认识、审美、语言文化素养、对翻译的认识等诸多因素。翻译活动产生两千多年以来，人们对它的认识和探索从未终止过。随着时代的发展，翻译的范围和规模也在发展，人们对翻译性质的认识也在发展。

翻译不是一项纯粹的语言活动，还牵涉各种非语言因素，特别是种种文化因素，因此有的学者又给翻译做出这样的定义："翻译是两个语言社会之间的交际过程和交际工具，它的目的是促进本语言社会的政治、经济和（或）文化进步，它的任务是要把原作中包含的现实世界的逻辑映像或艺术印象，完好无损地从一种语言移注到另一种语言中去。"

孙致礼的定义是：翻译是把一种语言表达的意义用另一种语言传达出来，以达到沟通思想情感、传播文化知识、促进社会文明，特别是推动译语文化兴旺昌盛的目的。

张同德等的解释是：翻译是将一种语言文化承载的意义转换到另一种语言文化中的跨语言、跨文化的交际活动。意义的交流必须通过语言来实现，每一种语言都是一个独特文化的组成部分和载体。我们在转换一个文本的语言信息时，也在传达其蕴含的文化意义。翻译的本质是释义，是意义的转换。翻译活动涉及诸多因素，如译者（translator）、作者（author）、原文（source text）、原文读者（source-text readers）、译文（target text/translated text/target version）、译文读者（target-text readers）等。

学者们给翻译所下的定义不胜枚举，从以上几个例子我们看出，翻译定义的内涵越来越清晰、具体。从纯语言的转换到语言中意义的转换，再到语言信息中蕴含的文化意义的转换，翻译活动参与者的认识越来越客观。但是，以上翻译活动似乎脱离了作者、译者和读者所处的社会，忽视了社会因素（社会意识形态、诗学和赞助人）在翻译活动中对译者和读者的影响，仅仅是对翻译活动行为的描述，从客观上忽视了几千年所产生的一些翻译产品对社会所起的推动作用。在当今多元文化并存的情况下，在世界各族人民要求相互尊重、和谐共处的"地球村"里，强调更多的是"平等"和"理解"，而不是"谁优谁劣"。在这种新的形势下，我们能否更客观地为以上定义做一些补充和发展？将翻译定义为：翻译是译者在一定社会意识形态等影响下，把一种语言表达的意义用另一种语言传达出来，目的是沟通思想情感、促进相互了解、传播文化知识、促进世界社会和文化发展。

（三）解析翻译标准

在中国，严复于1898年提出的"信、达、雅"的翻译标准距今已有一百多年。人们对"信"和"达"比较认同，对"雅"有争议，也有不同的解释。他主张的"信"是意义不背笔者，"达"是不拘泥于原文形式，尽译文的语言能事以求原意明显，为"达"也是为"信"，两者是统一的；严复的"雅"指的是译文采用"汉以前的字法句法"，即所谓上等的文言文，才算登大雅之堂。有人认为严复的"雅"是针对自己的读者而提出的。严复主要翻译的是西方经典的政治和经济学著作，如赫胥黎的《天演论》、亚当·斯密的《原富》等，主要是给当时的封建士大夫们阅读的，希望能在中国实行自上而下的改良。这样的解释在西方现在的翻译理论中是站得住脚的。有的文学家认为，"雅"指的是译文的美学价值，体现在修辞、文体、韵律、诗意和心理等方面。这一解释适合文学翻译。我国许多老一辈翻译家总结的翻译标准都只适合于文学翻译，如鲁迅称"凡是翻译，必须兼顾着两方面，一则是其易解，二则保存着原作的丰姿"；傅雷的"神似"、钱钟书的"化境"等都是如此。

1979 年，翻译家刘重德在湖南师范学院学报第 1 期《试论翻译的原则》中提出“信、达、切”的翻译标准，是在严复的“信、达、雅”和泰特勒的“三原则”基础上提出的，认为：信即信于内容；达即达如其分；切即切合风格。信于内容的“信”，即严复所谓意义“不背原文”，亦即泰特勒所谓“翻译应该是原著思想内容的完整再现”。达如其分的“达”，即正如严复所说，“顾信矣不达，虽译犹不译也”。同时，在翻译的基础上，表达的深浅也应力求与原文一致。“切”，是指切合原文风格，是个中性词，适用于不同的风格。我们今天的翻译不仅是文学翻译，还有很多文体，如科技文体、新闻文体、应用文体等。刘重德的“信、达、切”翻译标准，对于不同文体的翻译是很实用的。

20 世纪下半叶以来，我国大量引进国外翻译理论学派，有等值论、等效论、多元系统论、描写翻译学派、文化学派、综合学派、女权主义、后殖民主义、阐释学派、解构主义、美国翻译培训班学派、法国释义理论派等。这些理论的引进，开阔了我国翻译理论研究的视野。在翻译标准上，最流行的是等值论（equivalent value）、等效论（equivalent effect）、功能对等论（func-tional equivalence）。我们对这些理论应有正确的认识，不可全盘接收并传授给学生。对我们的学生有指导意义的当数英国的坎贝尔（George Campell）和泰特勒（Alexander F，Tytler）的两个“三原则”。英国翻译家坎贝尔的“三原则”：第一，准确地再现原作的意思；第二，在符合译作语言特征的前提下，尽可能地移植作者的精神和风格；第三，也是最后，使译作至少具有原创作品的特征，显得自然流畅。英国另一位著名的翻译家泰特勒的“三原则”，跟坎贝尔的极为相似：第一，译作应完全复写出原作的思想；第二，译作的风格和手法应和原作属于同一性质；第三，译作应具备原创作品的通顺。这两个“三原则”都要求译文从三方面忠实于原作：一是忠实地传达原作的内容，二是忠实地展现原作的风格，三是忠实地体现原创作品的通顺。

翻译教学实践证明，对于初学翻译的英语专业学生，要求他们掌握“忠实、通顺”这一标准即可。

“忠实”指忠实于原作的内容。译者必须把原作的内容完整而准确地表达出来，不得有任何篡改、歪曲、遗漏或任意增删的现象。内容通常指作品所叙述的事实、说明的事理、描写的景物以及作者在叙述、说明和描写过程中所反映的思想、观点、立场和所流露的感情。忠实还指保持原作的风格。这里所说的风格，包括原作的民族风格、时代风格、语体风格，以及作者个人的语言风格。一般说来，译者对原作的风格不能任意破坏和改变，不能以自己的风格取代原作的风格。

比如，原作是通俗的口语体，译文就不能改成文绉绉的书面体；原作粗俗烦琐，译文就不能改成文雅洗练；原作展现的是西方色彩，译文就不能改换成东方色彩。

总之，原作怎样，译文也该怎样，尽可能还其本来面目。

所谓“通顺”，即指译文语言必须通顺易懂，符合规范。译文必须是明白晓畅的现代汉语，没有逐词死译、硬译的现象，没有语言晦涩、佶屈聱牙的现象，没有文理不通、结构混乱、逻辑不清的现象。译文的通顺程度只能与原文的通顺程度相应或一致。

如何处理好“忠实”与“通顺”的关系呢?“忠实与通顺是相辅相成的。忠实而不通顺，读者看不懂，也就谈不到忠实；通顺而不忠实，脱离原作的内容和风格，通顺也失去了作用，使译文成了编纂、杜撰或乱译。”总而言之，忠实与通顺是两个对立面的统一，偏重哪一个或忽视另一个，都不能圆满地完成翻译的任务。笔者认为这一论述非常清楚地阐述了忠实与通顺这对矛盾的相互关系。初学翻译的学生要处理好这一对矛盾，须要在不断练习的过程中去体会和把握。

第二节　翻译的基本原则

一、翻译文本的基本原则

翻译的基本原则，是翻译实践的准绳和衡量译文优劣的尺度。国内外对翻译标准的讨论一直都没有停止过，正是在这场针对翻译标准的讨论中，翻译理论的研究得到了不断发展和完善。我们借用前人的研究成果来指导翻译的实践，即在翻译实践过程中，应遵守以下两个翻译的基本原则，即忠实（faithfulness）和通顺（smoothness）。忠实指正确地理解和表达原文的思想；通顺指译文文字流畅地道。

忠实指译文要准确地表达出原文的思想、内容和文体风格，要再现出原文的特色。翻译不是译者的独立创作，而是把原作品用另一种语言表达出来，译者不得对原文进行任何篡改、歪曲、遗漏或任意增删，如果译文与原作不符，那就不能称为翻译。对译者来说，要实现译文忠实于原作，首先要对原文有正确的理解，并且吃透原文的词义、语法关系和逻辑关系。

所谓通顺，指译文语言通顺易懂、自然流畅，符合译文语言的表达习惯，没有文理不通、晦涩难懂等现象。

综上所述，翻译离不开“忠实、通顺”这两条目前翻译界公认的原则。实际上，忠实和通顺相辅相成。忠实而不通顺，读者就会看不懂译文，失去了翻译的意义。通顺而不忠实，脱离了原文的内容和风格，译如不译。

二、翻译工作者的基本原则

翻译教学涉及两种相互联系又各有目的的教学模式，即教学翻译和翻译教学。根据我国目前的实际情况和社会需要，我国的外语教学中，无论非外语专业还是外语专业，都不能脱离这两种模式，它们是相辅相成的。

我国各级英语教学中对翻译的基本教学要求正是从翻译的基本原则出发而制定的。从我国英语专业和非英语专业英语教学大纲来看，在各级英语过级考试中，我们可以看出翻译的“忠实和通顺”原则始终贯穿于英语教学中。

我国高等院校英语专业对翻译的教学要求是分级的。

（1）入学要求。能将内容不超过高三课文难度的短语和句子翻译成汉语，要求理解正确、语言通顺。

（2）二级。能独立完成课程中的各种翻译练习，要求理解准确、语言通顺。

（3）四级。能独立完成课程中的各种翻译练习，要求译文忠实于原文、表达流畅。

（4）六级。初步了解翻译基础理论和英、汉两种语言的异同，并掌握常用的翻译技巧，能将中等难度的英语篇章或段落译成汉语。译文忠实原文，语言通顺，速度为每小时 250~300 个英文单词；能将中等难度的汉语篇章或段落译成英语，速度和译文要求与英译汉相同。能担任外宾日常生活的口译。

（5）八级。能运用翻译的理论和技巧，将英美报刊上的文章以及文学原著译成汉语，或将我国报纸、杂志上的文章和一般文学作品译成英语，速度为每小时

250~300 个英文单词。译文要求忠实原意，语言流畅。能担任一般外事活动的口译。

高等院校英语专业四级、八级考试对翻译的测试要求如下所列。

（1）汉译英项目要求应试者运用汉译英的理论和技巧，翻译我国报纸杂志上的论述文和国情介绍，以及一般文学作品的节录。速度为每小时 250~300 字。译文必须忠实原意，语言通顺。

（2）英译汉项目要求应试者运用英译汉的理论和技巧，翻译英、美报纸杂志上有关政治、经济、历史、文化等方面的论述以及文学原著的节录。速度为每小时约 250~300 词。译文要求忠实原意，语言流畅。

我国高等院校非英语专业大学英语教学对翻译的教学要求也是分级的。由于大学英语教学分为基础阶段（一至二年级）和应用提高阶段（三至四年级），全国高等院校非英语专业英语教学大纲对翻译的教学要求也分为两个阶段。

（1）基础阶段对翻译的基本要求（达到四级）：能借助词典将难度略低于课文的英语短文译成汉语，理解正确，译文达意，译速为每小时 300 个英语单词。能借助词典将内容熟悉的汉语文字材料译成英语，译文达意，无重大语言错误，译速为每小时 250 个英语单词。

（2）基础阶段对翻译的较高要求（达到六级）：能借助词典将难度略低于课文的英语短文译成汉语，理解正确，译文达意，译速为每小时 350 个英语单词。能借助词典将内容熟悉的汉语文字材料译成英语，译文达意，无重大语言错误，译速为每小时 300 个英语单词。

（3）应用提高阶段的专业英语对翻译的教学要求：能借助词典将有关专业的英语文章译成汉语，理解正确，译文达意，译速为每小时 350 个英语单词。能借助词典将内容熟悉的有关专业的汉语文字材料译成英语，译文达意，无重大语言错误，译速为每小时 300~350 个英语单词。

（4）应用提高阶段的高级英语对翻译的教学要求：能借助词典将有一定难度的英语文章译成汉语，理解正确，译文达意，语言通顺，译速为每小时 400 个英语单词。能借助词典将题材熟悉的汉语文章译成英语，内容完整，译文达意，语言通顺，译速为每小时 350 个英语单词。

英语自学考试大纲对翻译的基本要求是能将阅读的材料译成汉语，译文基本正确，文字通顺，笔译速度达到每小时300个英语单词。能把结构不太复杂、由常用词构成的汉语句子译成英语，译文基本正确。

可见，忠实和通顺是翻译实践中必须遵守的原则。要达到上述原则，必须不断提高英汉两种语言的水平，掌握丰富的知识，熟悉中英两个国家的社会风俗，了解其政治、经济、历史、文化等各方面情况，并且还要掌握一定的翻译方法和技巧。

三、翻译工作者的基本要求

第一，翻译人员应具备良好的知识水平。具备包括扎实的汉语和英语功底在内的基础知识和专业知识，是翻译工作对译者的基本要求。通晓和掌握汉语与英语的基础知识是从事英汉互译的起码条件。专门知识对译者来说也是很重要的，译者必须懂新闻才能译好新闻文章，懂文学才能翻译出优秀文学作品来。

第二,一方面，译者还须具备包括自然科学和社会科学在内的百科知识体系，这类知识体系并无固定的专业范围。另一方面，译者还须了解有关国家历史、地理、政治、经济、军事、外交、科技、风俗习惯、宗教信仰、民族心理、文化传统等各个方面的基本情况。

第三，译者应力戒在两种语言转换过程中的狭隘对等意识。在翻译过程中，两种语言的确存在对等现象。但由于各民族在自然环境、历史传统、风俗习惯、民族心理和文化传统等方面存在着巨大差异，必然会体现在语言上，即两个民族必然会采用不同的词语或表达方式来描述同一事物或现象。如果一味地追求对等，必然导致译文让读者困惑难懂，无法理解。例如，一旦将英语中的“level”与汉语中的“水平”机械地对等起来，那么汉语的“英语水平”“生活水平”“游泳水平”就很可能译为“English level”“living level”和“swimming level”，而实际上，它们在英语中的对应词是“English proficiency”“living standard”和“swimming skill”。

在翻译实践中，切忌望文生义，译者应在准确理解原文的基础上，采用适当的翻译技巧和手段，做到忠实、通顺，用贴切的词语或句子来表达原文的意思。

第四，译者应具有爱国主义意识。根据我国国情，选择好的作品进行译介，运用正确的立场、观点和方法来分析研究和深入理解原作的内容。另外，译者还应本着让世界各国人民了解中国的原则，积极对外宣传我们党的路线、方针、政策，宣传我国的社会主义建设成就，宣传社会主义道德、风尚和文化，积极推动对外交流，促进中国人民同世界各国人民之间的友谊。

第三节　翻译的准备与过程

翻译是运用两种语言的复杂过程，它包括正确理解原文和准确运用另一种语言再现原文的思想内容、感情、风格等。由于翻译工作的复杂性，适当的准备工作是不可缺少的。通过准备，可以使翻译得以顺利进行。

一、翻译的准备

翻译应该进行必要的准备，以利于翻译一路顺风，善始善终。

正式开始翻译之前可以做的工作很多，主要精力应放在查询相关资料上，以便能对原作及其作者有一个大概的了解，同时为了保证质量和节省时间，还应熟悉整个翻译过程可能使用的工具书和参考书。

（一）了解作者

对于作者，须要弄清楚他的简略生平、生活时代、政治态度、社会背景、创作意图、个人风格等。比如，若要翻译一名作家的一篇小说，为了获得有关作者的一些基本信息，可以阅读作者自己的传记、回忆录，或者别人写的评传，或者研读文学史、百科全书、知识词典等。还可阅读用汉语解说的相同辞书，如《中国大百科全书》《辞海》《简明不列颠百科全书》《外国名作家传》《外国人名辞典》《外国历史名人》等。

（二）了解相关背景

背景知识是指与作品的创作、传播及与作品内容有关的知识；超语言知识按语言学的定义是指交际行为的环境、文章描述的环境及交际的参加者等。

两个概念的外延合起来大约涵盖了前辈翻译家说的“杂学”。

二、翻译的过程

翻译的过程是一个十分繁杂的心理过程，其工作重点是如何准确地理解原文思想，同时恰当地表达原文意义。换言之，翻译的过程就是译者理解原文，并把这种理解恰当地传递给读者的过程。它由三个相互关联的环节组成，即理解、表达和校改。这三个环节是相互联系、往返反复的统一流程，彼此既不能分开隔断，又不能均衡齐观。

为了讲解方便，我们把翻译过程中的理解、表达、校改三个环节分别进行简略论述。

（一）理解

1.翻译中理解的特点

第一，翻译中的理解有着鲜明的目的性，即以忠实表达原作的意义并尽可能再现原作的形式之美为目的，它要求对作品的理解比一般的阅读中的理解更透彻、更细致。翻译的理解系统从宏观上看，要包括原作产生的社会、历史和文化背景；从微观上看，则要细致到词语的色彩、语音、甚至词形。从某种意义上来说，以翻译为目的的理解比以其他为目的的理解所面临的困难要多。以消遣为目的的理解显然无须去分析作品的风格，更无须每个词都认识。即使以研究为目的的理解也无须面面俱到，而只是对所关注的内容（如美学价值、史学价值、科学价值、实用价值等）的理解精度要求高一些。

第二，以翻译为目的的理解采用的思维方式不同于一般的理解。一般的理解，其思维方式大都是单语思维，读汉语作品用汉语进行思维，读英语作品就用英语进行思维。以翻译为目的的理解采用的是双语思维方式，既用原语进行思维，又用译入语进行思维。原语与译入语在译者的大脑里交替出现，正确的理解也逐步向忠实的表达推进。

第三，以翻译为目的的理解，其表达过程的思维方向遵从的是逆向–顺向模式。一般的抽象思维的方向是从概念系统到语言系统，而阅读理解中的思维则是从语言系统到概念系统，是逆向的。一般的阅读理解捕捉到语言的概念系统后任务便完成了，而翻译则要从这个概念系统出发，建构出另一种语言系统。

2.顺向思维过程

理解是翻译过程中的第一步，是表达的前提。这是最关键，也是最容易出问题的一个环节。不能准确、透彻地理解原文就无法谈及表达问题。理解首先要从原文的语言现象入手，其次还要涉及文化背景、逻辑关系和具体语境以及专业知识等。

理解中应注意的方面如下所列。

（1）理解语言现象。语言现象的理解主要涉及词汇意义、句法结构、修辞手法和习惯用法等。

（2）弄清文化背景。英美的文化背景和中国不同，由此产生了与其民族文化有关的习惯表达法。翻译时我们必须弄清历史文化背景，包括有关的典故等。

（3）理解原文所涉及的专业知识。

（4）透过字面的意思，理解原文内在的深层含义。翻译时须弄清具体含义，切忌望文生义。特别是对文学作品，还要抓住其艺术特色，并深入领会其寓意。

（5）联系上下文语言环境。认真阅读上下文，了解语言环境，也就是要在一定的语言环境中才能理解得深刻透彻，只有联系上下文，才能理解原文的逻辑关系，才能确定词语的特定含义。透过表层理解深层意义，同样是靠上下文语言环境。

从语言学的观点看，孤立的一个单词、短语、句子，很难看出它是什么意思，必须在特定的语言环境中，有一定的上下文才能确定它的意义，才能得以正确地理解。

（二）表达

表达是翻译过程中的第二步，是实现由原语至译语信息转换的关键。理解是表达的基础，表达是理解的目的和结果。表达的效果取决于译者对原语的理解程度和其实际运用和驾驭译语的能力。

理解准确则为表达奠定了基础，为确保译文的科学性创造了条件。但理解准确并不意味着一定能翻译出高质量的译文，这是因为翻译还有其艺术性。而翻译的艺术性则依赖于译者的译语水平、翻译方法和技能技巧。就译语而言，首先要做到造词准确无误，其次还要考虑语体、修辞等因素，切忌率尔操觚、随便乱译。另外，表达还受社会方言、地域方言、作者的创作手法、写作风格及原语的影响。

翻译时还必须根据具体的情况选择合适的语言单位。如果把句子作为翻译单位，在句子内部又要考虑词素、词、词组、成语等作为翻译单位的对应词语，同时在句子外部还须考虑句子与句子之间的衔接和风格的统一等。由于两种语言之间的差异，译者在翻译单位的对应方面仍会遇上表达的困难。译者必须对两种语言不同的特点进行对比研究，从而找出克服困难的某些具体方法和技巧。

第三章　语言服务型翻译人才培养目标与培养模式

第一节　翻译人才的培养目标

在阐述人才培养目标之前，让我们先看一下有关课程教学目标的定义。《朗文语言教学及应用语言学辞典》将其分为两类：一类为总目标，为教学的基本原因或目标；另一类为具体目标，指一门课要达到的目的，详细描述学生在教学最后一阶段必须做的事。其实这也是教学目标在较宽泛与较窄两个层面的界定，较宽泛层面上指课程设计者预计学生能达到的一般性教学目标或目的；较窄层面上指学习者通过课程学习在知识、能力等方面所能达到的具体专门目标（所掌握的知识领域、在听说读写译等方面能获得的具体技能等）。笔者尝试借助这一定义的分类，提出翻译人才培养的宏观总目标（本科生、硕士研究生、博士研究生学历学位教育目标）——阐明人才培养的基本原因或目的；并提出具体的阶段性培养目标（学年、学期及课程目标）——阐明学生通过阶段性学习所能达到的水平。其中阶段性培养目标涉及的课程教学目标又可以分为总目标和具体目标两类。

在解析我国翻译专业建设现状时，我们曾经指出翻译作为一门新兴学科，各院校相关人才培养目标不一致，有的强调复合型人才，有的强调翻译通才，有的强调译员教育，不一而足。限于篇幅，笔者不可能将各阶段、各课程目标逐一阐释，现仅在翻译人才分类的基础上，从宏观角度分析翻译专业本科和研究生教育中的人才培养总目标，并剖析两者之间的传承关系。

一、翻译人才的分类

首先讨论翻译人才的分类问题。戴炜栋等指出高素质的外语人才可以粗略地分为学术研究型和应用职业型。这两种人才都具备专业及相邻专业知识，具有学习—实践—创新的能力以及高尚的人品、道德等，只不过在知识领域、能力侧重、创新研究能力强弱等方面存在一定差异。笔者认同这一观点，但认为翻译人才虽然可以分为学术研究型和应用职业型，但如果结合具体翻译教学实际，将之分为翻译通才和专门性人才，则更为妥帖和确切。这主要是由于该分类一方面体现了翻译的学科融合性（翻译为杂学，译者为杂家）；另一方面表现出翻译理论和实践的均衡发展。当然，通才、专门性人才、学术研究型和应用职业型人才之间有一定相关性。具体说来，翻译通才充分体现出学习者学术研究能力和职业技能的平衡发展，该类人才既掌握一定的理论，又有较强的翻译实践能力；而如果学习者偏重于理论学术探索（如翻译理论家、翻译批评家），则更倾向于学术研究型人才；如果侧重于翻译实际操练（如口译译员、科技文献译者、文学作品译者等），则更倾向于应用职业型人才。无论是典型的学术研究型还是典型的应用职业型翻译人才均属于专门性翻译人才。而且，无论是高层次翻译通才还是专门性人才，都具有扎实的语言基础（双语能力过硬）、翻译知识、语言运用技能和翻译技能以及相关学术道德、职业道德等，当然，知识的广博程度、能力的大小、技能的娴熟程度等方面存在一定差异。

二、不同类型翻译人才的培养目标

以上对翻译人才进行了分类。那么，翻译人才的分类与翻译本科、研究生教育之间呈现什么关系呢？笔者认为，本科教育的目标在于培养一般性翻译通才，他们具备较宽泛的翻译知识和较强的口笔译能力，能胜任相应跨文化语言文字交流工作；而一般性翻译通才通过研究生教育成为高层次翻译通才、学术研究型人才和应用职业型人才。其中高层次翻译通才较之一般性翻译通才，在理论层次和实践技能等方面都更有所长。具体说来，研究生阶段一方面开拓学生的视野、强调翻译理论、翻译研究方法的掌握以及翻译科研能力的培养；另一方面加强实务训练，进一步培养翻译技能和翻译能力。当然，博与专、术与学之间的侧重因人而异。如果学习者毕业后直接参加工作，那么在工作过程中也可以通过自身的行动研究（翻译实践研究，翻译理论研究）成长为学术研究型人才，或者通过职业教育和培训（口译、笔译实务训练等）、工作实践成为应用职业型人才。

当然，我们要认识到翻译人才之间的个体差异，也就是说，培养人才并非如流水线上批量生产产品，在知识、能力、品德等方面完全一致，人才是既有共性又有个性的个体。同时，各人才类型之间没有固定的、不可打破的界限。也就是说，一般性翻译通才可以根据个人的特长、兴趣等，通过自身努力成为某种类型的翻译人才。一位翻译实战经验丰富的译员可以结合自身经验，进行相关理论探索，在学术研究方面取得一定成就，反之亦然。

笔者提出本科翻译专业主要培养一般性翻译通才（通用翻译人才），这也符合大多数人的看法。翻译本科还是应该以培养一般性复合型通用翻译人才为主，或者说以此为基础目标，专门方向的译员培养可以留到研究生阶段进行。那么，究竟一般性翻译通才是如何界定的呢？复旦大学“英汉双语翻译专业”的培养目标中谈到学生应具有较强的英汉双语技能，扎实的政治、经济、文化、科技、金融基础知识，能胜任外交、外贸、独资合资企业、中国驻外机构、新闻媒体等部门口笔译工作。笔者认为这一培养目标涉及知识面、双语技能、职业技能等方面，可以比较生动地体现通才教育的目的。将这一目标与翻译专业资格（水平）考试的等级划分相对比，笔者发现该目标超出了翻译专业资格（水平）考试中的初级（三级）要求，与中级（二级）要求相近。因为在翻译专业资格（水平）考试中，二级口笔译翻译应具有一定的科学文化知识和良好的双语互译能力，能胜任一定范围、一定难度的翻译工作；三级口笔译翻译应具有基本的科学文化知识和一般的双语互译能力，能完成一般的翻译工作。三级口笔译水平相当于对外语专业优秀毕业生或外语专业翻译方向本科生的要求。从《翻译专业职务试行条例》中我们看到，通过三级口笔译考试者可以应聘助理翻译（能完成一般性口译或笔译工作。从事口译者应基本表达双方原意，语音、语调基本正确；从事笔译者应表达一般难度的原文内容，语法基本正确、文字比较通顺），而通过二级口笔译考试者可以应聘翻译（独立承担本专业的口译或笔译工作，语言流畅、译文准确）。也就是说，本科翻译专业的培养目标在于能够获得翻译专业中级资格证书，独立承担口笔译工作的高层次人才。

结合相关论述，为适应培养高素质复合型创新翻译人才的需求，笔者尝试从知识、能力、品德、职业技能等方面来阐述本科翻译专业的培养目标，提出本科翻译专业旨在培养一般性应用复合型的翻译通才。他们具备比较扎实的语言、文化、政治、经济、金融、外贸、科技、艺术等基础知识，较强的外语转换能力和语言学习应用能力，良好的思想道德素质、心理素质、适应能力、合作精神，且能够胜任外交外贸、涉外企业、文化艺术、科技翻译、新闻出版、教学研究等语言文字交流工作。之所以强调应用复合型，主要是因为翻译专业本科着重对应用能力的培养，且涉及的知识面比较广博，技能具有复合性。之所以强调通才，主要是因为翻译专业学生应该能够胜任一般性的语言文字翻译工作。一般说来，所培养人才能够通过国家人事部翻译专业中级资格（水平）考试。鉴于翻译为新兴专业，具体教学尚处于摸索阶段，不可能要求所有毕业生都通过中级（二级）口笔译考试，但至少通过初级（三级）口笔译考试，胜任一般性口笔译任务；而优秀毕业生在实战训练的基础上，能通过中级（二级）口笔译考试，获得翻译专业中级资格证书，独立承担口笔译工作。当然，各学校、各地区存在一定差异，因此翻译本科专业培养目标不可能完全一致，可以结合实际情况，突出地方、学校优势或特色。

第二节　翻译人才的培养模式

模式本身应该是系统的、可参照的、有目的的。目前，这一概念及相关研究方法已经被教育界广泛应用。教育家们尝试在确定研究目的的基础上，对教育思想、教育现象的原型进行抽象化，进一步将之转化为认识论上的模式，以切实解决具体教育问题。譬如，研究翻译人才培养问题，就可以在确定人才培养目标的基础上，在一定教育教学理论指导下，对不同培养方式进行系统的概括归纳，形成一定模式，供翻译教育实践选择，同时丰富相关翻译专业建设理论。可以说，人才培养模式为理论与实践、普遍教育与个别教育实践之间的媒介，参照相关模式所培养出来的人才应该受到学校和社会等的检验，考核是否达到了一定的培养目标。笔者尝试从学制、培养机构、培养（模式）方式等宏观方面阐述翻译本科专业人才培养模式的问题。

一、学制影响下的翻译人才培养模式

笔者认为，鉴于翻译过程以及翻译教育本身的广泛性和复杂性，2~3 年之内很难保证翻译人才培养的质量，实行四年本科教育能够较好地夯实人才的理论基础，使翻译理论与实践密切结合。除非是出于地域性培训的特殊需求，笔者建议翻译人才培养还是应以本科为起点，逐步完善从本科到博士的系列教育，包括授予翻译专业硕士学位（据悉广东外语外贸大学已经尝试进行翻译专业硕士培养，以丰富翻译人才市场），开办同等学力翻译硕士班、翻译硕士研修班、翻译博士研修班等。当然，在翻译人才培养过程中，高校可以根据市场需求，适当改变招生方向和增减招生人数。

二、培养机构影响下的翻译人才培养模式

如前所述，我们的翻译人才培养任务多由各高等院校高级翻译院或翻译系承担，为学院式人才培养。这主要是出于高校具有丰富的办学经验、高素质的师资和良好的办学环境。但鉴于翻译自身实践应用性较强，与市场结合比较密切，因此笔者认为可以借鉴理工科的办学经验，加强高校与翻译公司、出版业、外企外贸、外事、旅游等单位的合作，一方面吸纳一些资深译员、翻译家、翻译评论家等兼职担当翻译教师，充实师资队伍；另一方面可以为学生提供实战场地，培养其翻译实践能力和知识应用能力，为其专业发展打下更加宽厚的基础；同时充分考虑到学生今后的就业、职业生涯取向，为他们提供更多的职业选择。

三、不同方式下的翻译人才培养模式

目前，虽然由教育部审批、通过高考招生的本科翻译专业只在不同类型、不同地区的三所高等院校（复旦大学、广东外语外贸大学、河北师范大学）中试点，但有的高校（如南京师范大学等）已尝试从在校大学生中选拔优秀学生进入翻译系，进行应用复合型人才培养。他们从大学本科二年级或三年级的学生里选拔双语（母语和外语）基础俱佳的学生，进行翻译教学和培训，使他们通过理论学习和翻译实践逐步成为合格的译员。有的高校（如西北师范大学）尝试实验翻译方向本硕连读的人才培养模式，大一学业结束后从全校选拔学生，大二加强母语和外语两种语言文化的学习，大三以后进行翻译专业课程学习。

无论采用哪一种方式，其效果都需要社会与市场的验证。杨自俭指出，翻译人才培养模式一定要开放型的，第一，特别重要的是要突出基础宽厚与知识面广（包括基础理论），因为翻译是杂家。第二，要突出的是语言实践能力，在听说读写都训练好的基础上，要突出训练说与写，特别是写的能力是口笔译都极其需要的，当然包括中外两种语文写作的训练。这方面过去我们存在轻视母语写作的问题，现在应正视这个问题。第三，要突出的就是翻译基本功的训练。这方面有三个问题应引起大家关注：一是要以"文贵得体"为训练翻译能力的指导思想与追求目标；二是要严格按不同文体的要求进行不同的训练；三是口笔译都要进行全译、摘译、编译等各种变体形态的翻译训练。笔者认为，一方面要强调在本科阶段进行复合型翻译通才教育，借助通识教育、专才教育等人才培养理念，培养完整人（whole-person），即学有专长、术有专攻，在知识（语言、翻译等知识）、能力（翻译能力、创新能力、适应能力）、品格、素质（伦理道德价值观、职业道德、学术品德）等各方面协调全面发展的人才。这里的"通"，有融会贯通之意，也就是说所培养的人才能够将不同学科的知识相互融合，在交流合作中进行跨文化沟通。另一方面应该注意人才培养的阶段性，在本科四年中，一、二年级为基础阶段，三、四年级为高级阶段（提高和分流阶段）。可以在基础阶段通过开设相关课程夯实学生的语言（双语）、文化（母语与目的语文化）、翻译基本功，培养其基本的双语翻译能力；在高年级阶段根据其学习旨趣，在自愿报名和选拔的基础上适当进行方向性分流（外贸、经济、政治、语言、文学、教育、新闻、科技等），通过增设选修课、增加实习锻炼机会等激发学生的兴趣，增强他们所学知识的实用性，提高其反思能力。当然，各课程的设置比例、理论学习与实践的匹配、语言能力与翻译能力培养的侧重都会因院校、专业特色、个体差异等有所不同。同时，笔者认为，随着翻译专业建设的发展，也可以适当借鉴目前复合型人才的培养经验，考虑翻译与其他专业的复合，譬如采用"翻译+文学""翻译+经贸""翻译+企管""翻译+语言""翻译+法律"等模式培养翻译人才。具体说来，可以在基础阶段（一、二年级）就让学生根据自身学习兴趣跨系选修某专业的主干课程，夯实具体专业及语言基础，然后在高级阶段适当增加职业培训课的比重，供学生选修，以适应社会需求。当然，大学本科教育毕竟不是职业培训，翻译专业所培养的也不仅是译员，他们当中有一部分人还将成为从事翻译理论、翻译教学或其他涉外研究的后备军，所以突出通识教育，将人文社会科学、自然科学技术等融会贯通，培养学生的学习能力、合作能力、探究精神、创新精神等是至关重要的。毕竟他们将根据发展和需要，随时准备担负未来翻译研究、翻译教学、翻译专业建设的主要工作，推进我国翻译事业的发展。

第三节　翻译人才的多元化培养路径

一、外语翻译人才应具备的素质

有一位优秀的翻译家对合格翻译者的素质的最基本阐释是："成就一位称职的译者该有三个条件：首先当然是对于'施语'（source language）的体贴入微，还包括了解'施语'所属的文化与社会，同样必要的是对于'受语'（target language）的运用自如，还得包括对各种文体的掌握。这第一个条件近于学者，而第二个条件便近于作家了。至于第三个条件则是在一般常识之外。对于'施语'原文所涉的学问要有相当的熟悉，至少不能外行。这就更近于学者了"。

翻译既要忠实又要通顺，绝非易事，译者不具备一定的业务素质，是很难胜任的，合格的翻译人员应该有些什么业务素质呢？

第一，译者要打下扎实的英语基础，特别是要具有很强的阅读理解和鉴赏能力。为了切实提高英语阅读理解能力，必须做到以下三点：①掌握足够的英语词汇量，缺乏足够的词汇量，离开了词典就寸步难行，这是不能做好翻译工作的；②掌握系统的英语语法知识，使理解在语法层面不出错；③大量阅读英语原著，不断丰富自己的语言知识，提高自己对英语语言的感悟力和英语表达能力，不要写出令人啼笑皆非的"汉语式英语"。

第二，译者要打下扎实的汉语基础，特别要下功夫提高自己的汉语表达能力。对翻译人员的汉语表达要求不同于对一般汉语写作者的要求，因为翻译是用另一种语言去表达原作者已表达的思想感情。译者的译入语水平主要表现在表达原作的特定内容和特定形式时的灵活变通能力，如选择恰当的汉语字眼，创造新词、吸收外来表现法等。另外，译者还应熟悉英汉两种语言在语音、词汇、句法、修辞、使用习惯甚至标点符号使用上的种种差异，以便能将规范通顺的英语译成规范通顺的汉语，而不要写出生硬牵强的“英语式汉语”。

第三，译者要有广博的知识。翻译是传播文化知识的媒介，因而译者的知识面越广博越好。虽然做不到样样精通，但是经过努力却是可以做到“译一行，钻一行，通一行”的。我们每一个翻译人员首先要掌握一定的专门知识，如翻译科技著作的必须掌握相关的科技知识和科技术语，翻译社科文章的必须懂得相关的社科知识，翻译文学作品的必须具有一定的文学素养……鉴于各门知识都彼此交叉、触类旁通，每个译者还要广泛掌握与自己的专门知识有密切联系的相关知识，如译哲学题材的要具有丰富的文史知识，甚至要懂一点自然科学；译医学题材的译员至少要懂一点生物学与化学，甚至要掌握一些心理学知识等。除此之外，从事英汉互译工作的人还须要全面了解英美各国的历史、地理、政治、经济、军事、外交、科学技术、风俗习惯、宗教信仰、民族心理、文化传统等方面的“百科知识”，同时还要通晓自己国家的“百科知识”，用孙致礼的话说“这样才能在翻译中明察秋毫，得心应手，而不会张冠李戴，混淆不清”，以致笑话百出。

第四，译者要掌握合理的翻译策略。无论是哪个翻译者，若不去自觉地探讨翻译原理，其经历、学识、性格、审美观等也会无形中帮他（她）形成自己的翻译策略，如一个英语基础好、汉语表达较弱或性格比较拘谨的人就可能喜欢字对字的直译；而汉语基础较好、生性比较自由的人，则可能比较喜欢“天马行空”式的自由译法。对于初学者来说，应有意识地选择“适当”的翻译策略，通过不断实践，熟练掌握翻译的规律、方法和技巧。

第五，译者要养成认真负责、谦虚谨慎的学风。翻译是一项非常复杂、非常仔细的工作，需要译者付出艰巨的劳动。翻译完一篇东西之后，应仔细地核对原文，找出误解、误译或漏译的地方并改正。还要检查一下译文是否通顺易懂，是否有错别字和错用的标点符号，译文格式是否合乎要求等。这样做是对译文读者负责，也是对翻译工作负责。另外，我们在翻译工作中，还要关注社会各方面的变化，坚持正确的立场和原则。同时，还要虚心向有经验的翻译人员学习，学习他们的经验和技巧，不断提高自己的翻译能力和翻译水平。

二、外语翻译人才培养的多样性

戴炜栋等曾提出在构建具有中国特色的外语教育体系中，要坚持外语人才培养的多样性原则。也就是说，应该充分考虑到我国地域、经济、教育等发展情况的不平衡，需求的多样性，因材施教，培养出不同层次、不同专业和不同种类的外语人才。笔者赞同这一观点，并且认为目前社会发展一方面需要语言综合运用能力强，具备独立研究能力和创新能力的学术研究型人才；另一方面需要语言交际能力强，相关业务过硬的应用型外语人才。而随着翻译学科的发展和社会对翻译人才需求量的增大，翻译人才培养也成为人才培养中的重要一部分。虽然我们一般将具备较强的双语转换能力的人才统称为翻译人才，但翻译人才本身具有层次性和多样性，从专注于翻译理论研究的学术研究型人才到从事翻译实践的专职译员，这之间是一个连续体。连续体这一概念源于社会语言学中的言语类别连续体。一种语言可分为若干独立的地区或社会方言，但它们之间往往没有明确的界限，而是一种方言到另一种方言之间构成了一个连续体。将这一概念应用到翻译人才的分界中，我们发现，翻译人才呈现出多样性，他们或者偏重于理论的深入研究，或者偏重于翻译技能的训练；或者为博学多闻的杂家，或者是术业有专攻的专家；或者擅长口译，或者擅长笔译；或者擅长文学翻译、学术翻译，或者擅长科技、文献翻译；或者擅长汉译外，或者擅长外译汉等，不一而足。这其中往往无明确界限，个体翻译人才是可变的，可以由实践能力强转变为实践与理论水平俱佳，也可以由精于某类翻译到兼容各业，这就是翻译人才的层次性。

例如，我们在讨论“翻译”的定义时，曾指出“翻译”一词在宽泛层面上指代“译者”，按照其形式，可以分为口译员和笔译者。同时，口译员又可以根据其性质进一步细化为交传译员和同传译员（简称“交传”和“同传”）；而根据其内容，口译员又可以分为大会译员、陪同口译、法庭口译等，笔译者又可以专职于文学、科技、经贸、法律、外事等方面的翻译工作，这就充分体现出翻译人才的多样性。至于翻译人才的层次性，我们在讨论翻译培训和翻译教学区别的时候，也曾有所涉及。在翻译专业学士、硕士研究生、博士研究生的不同阶段的教育教学中，教学目标有所不同，要求亦不一样。具体来说，在本科阶段，主要是强调夯实语言基本功，拓展双语翻译基本知识，培养较强的翻译能力，最终造就翻译通才。而在通才的基础上，通过研究生阶段的教育或者翻译职业培训等，完成通才向专门人才的转变，成为某一行业（如文学、科技、文献、医学、法律、建筑等）的笔译或口译方面的专门翻译人才，或者成为从事翻译理论与研究工作的学者。这一渐次发展的过程体现出人才的层次性。

三、翻译人才多元化培养路径

中国文化"走出去"战略的有效实施有待于"政产学研"四方深度整合、共同推进、协同创新。我们须抓住发展契机，以翻译人才多元化培养思路推进改革。

笔者有以下三点建议。

（一）政府层面

其一，加强非通用语种专业顶层设计。从国家政治、经济、军事、外交需求来说，与我国建交国家的所有语言，政府都应该有相应的语言人才储备，这关系到国家形象和地位。我们应借鉴一些发达国家的经验，由教育部委托相关教育指导委员会成立国家层面的专业顶层设计机构，决定各类非通用语种人才的大致需求，对申报高校进行专业审批并监控培养质量。

其二，构建国内外高端翻译人才库。一方面，倡议在国家相关部委的支持下，以教指委为纽带，联合高校和行业协会，采取一定的遴选和考核机制，构建涵盖多语种的国家翻译人才精英库，即翻译国家队。另一方面，建议与国际上著名汉学家通力合作，打造我国政府的国际高端翻译人才库。此外，还可利用"一带一路"倡议为契机，通过师资输出或留学生输入等方式，培养通晓汉语、了解中国文化的国际友人，建立翻译后备人才库。

其三，完善翻译相关法规，建立健全译员准入机制、行业监督机制、翻译资费标准等。

（二）培养院校层面

学校是人才培养的主体，应得到高度关注。笔者建议突破传统观念，从多元化的视角进行人才培养。

首先，在义务教育及高中教育阶段即开展"译员预培养"。建议：①有条件的学校开设译员兴趣班，培养有潜力的学生。事实上，在欧美国家，青少年译员并不罕见。②政校合作，设立非通用语专项教学建设项目，通过暑期授课或网络授课等形式，有针对性地遴选并培养一批有语言天赋和学习兴趣的少年。③对通过终期考核的非通用语种学生给予中、高考优惠政策，打通全阶段一体化人才培养格局，待到高等教育阶段，即可对这批有语言基础的学生进行"语言+专业"培养。如此既能够保障国家非通用语人才队伍，也为这类学生提供了多样化的就业方向。

其次，应着力解决翻译高等教育人才培养的几个突出问题：①全国范围内翻译本科培养院校数量增速过快；培养过程质量监控力度较小；②翻译硕士层面存在专职教师实践能力偏弱、兼职教师队伍建设不够、课程建设水平有待提升、相关专业知识匮乏、实践教学基地建设力度不够等问题；③翻译博士专业学位尚未建立，人才培养体系有待完善。仲伟合在对专项评估进行全面分析的基础上，撰文对翻译专业院校提出了以下五点发展建议：以国家发展战略为办学导向；以职业需求为课程导向；以实践能力为培养重点；以师资队伍建设为关键，以质量保障体系为抓手。

（三）行业协会层面

信息化时代，社会对各领域人才的需求不断变化，翻译行业也切身经历着这种变革。行业及专业之间存在天然的纽带，即专业建设水平对行业发展有至关重要的影响。翻译行业也应积极参与翻译专业人才培养过程，协同解决"如何培养适需人才"这一重要议题。我国翻译领域唯一的全国性社会团体——中国翻译协会成立于 1982 年，近年来，协会已在开展翻译研究和交流、促进行业健康发展和打造翻译人才队伍等方面发挥了重要作用。为增强我国文化"走出去"的核心竞争力，建议协会进一步整合业界资源，明确行业对各类翻译人才的期望，充分实现行业需求与翻译人才培养的有机接轨。此外，协会还可以充分发挥其社会服务的职能，通过开设微课、慕课、小语种公开课等形式，增强全社会对翻译行业的关注和认知，同时为有需之人和有志之士提供便利的学习途径，构建语言人才培养的良好社会风气，奠定中华文化"走出去"的社会基础。

第四章　翻译教学方法的改革与创新

第一节　任务教学法的运用

任务型翻译教学模式是一种以学生为中心，教师根据学生的实际水平设计任务，创设真实的或类似于真实的学习情境，引导学生利用信息资源进行可理解输入、输出、协作学习、主动完成任务，以实现意义建构，提高学生翻译能力的相对稳定的操作性框架。该模式反映了外语教学从关注教法到关注学法，从以教师为中心到以学生为中心，从注重语言本身到注重语言习得的转变，既强调语言形式，又注重它的意义，将语言的用法、用途融为一体，具有较强的操作性，因而是对我国传统教学模式的一种革新，必将为培养更多适应新世纪发展需要的翻译人才奠定坚实的基础。

一、任务型翻译教学法概述

任务型语言教学（TBLT）是20世纪80年代外语教学法研究者提出来的又一个有重大影响的语言教学理论。它主要以二语习得理论、心理语言学理论和社会构建理论为坚实的理论基础，以学生为中心设计具有明确目标的真实任务，激发学生的学习兴趣，提高其参与互动性，促使学生积极主动地使用语言、协作学习、主动完成任务，以实现意义建构，提高学生的翻译能力。

（一）任务的定义

许多学者分别从任务的范围（主要指涉及语言的任务）、视角（任务设计者的角度还是活动参与者的角度）、真实性（现实生活中有意义的活动）、语言技能（可能会涉及语言的任何技能）、心理认知过程（如领悟、使用、输出、互动、推理等）、结果（注重任务的实际完成）等方面对任务的定义进行了阐释。例如，朗（Long）从非语言学的角度把任务定义为自己或他人从事的一种有偿或无偿的工作，即人们在日常生活、工作、玩耍中所做的各种各样的事情。理查兹、普拉特和韦伯（Richards，Platts&Weber）从语言教育学的角度将任务定义为：任务是指处理和理解语言的一个行动或活动。布林（Breen）的定义是：任务是任何促进语言学习的工作计划，它具有特定的目标、恰当的内容、规定的程序和一系列的结果等基本特点。大卫·纽南（David Nunan）在综合各家观点的基础上，定义概括为：交际任务是指导学生在学习目的语的过程中领悟、使用、输出和互动的课堂交际活动，它重点关注的是意义，而非语言形式。拜盖特、斯凯恩和斯维因（Bygate，Skehan&Swain）对任务的定义是：任务是要求学生使用语言为达到某个目的而完成的一项活动，活动的过程中强调意义的表达。埃利斯（Ellis）对任务的定义是：任务是那些主要以表达意义为目的的语言运用活动。尽管各家说法不一，但任务都涉及语言的实际运用。学生共同努力、相互协助，一起完成任务，其过程就是模拟真实世界的体验过程，这充分激发了学生的学习积极性和能动性，而学生在社会交往中通过分享信息解决问题而向同一个目标努力的过程中学习效果最好。

（二）任务的特征

根据斯凯恩（Skehan，1998）提出的任务构成要素（意义首要，解决交际问题，真实活动，关注任务完成，评价取决于结果），结合其他学者的观点，笔者认为，任务作为一种课堂教学活动应具有以下特征。

（1）完成各种真实的生活、学习、工作等有意义的任务，促使学生运用真实的语言。

（2）学生使用语言完成任务时，关注的重点是意义的表达而不是语言形式的操练，即重视学生如何沟通信息，而不强调学生使用何种语言形式。

（3）在教学过程中，任务可以涉及 4 种语言技能的一项或多项，包括各种增加语言知识和发展语言技能的练习活动。

（4）任务必须有具体的结果，即完成任务最受关注，至于如何完成及完成的情况次之。

（5）任务的评价取决于结果，任务完成的结果是评估任务是否成功的依据。斯凯恩（Skehan）指出，设计任务时应尽量避免：让学生只是鹦鹉学舌；仅展示语言；追求一致与人雷同；机械性的操练以及为了特定句型结构硬把语言插入材料中。威利斯（Willis）给我们提供了一些问题，借以鉴定设计的活动是否为真正的任务：能激发学生的兴趣吗？主要关注的是意义吗？有完成结果吗？活动的成功是以结果来评判的吗？任务完成是否优先？和现实的真实活动相关吗？得到肯定的回答越多，就越接近真实的任务。了解任务的正面、反面特征，以上面的标准为指导，有助于设计真实、有意义、操作性强的活动，使学生有机会自由地选择生活中实际使用的语言完成任务。

二、任务型翻译教学模式的教学原则

（一）坚持以学生为中心

这一原则是指在任务型翻译教学模式中，教师要以学生为中心，引导学生充分发挥其在认识和实践中的主体作用。学生是知识建构的主体，学生的认知参与、主动思考直接影响任务的完成。离开学生积极主动的参与，任何学习都是无效的。教是为学而存在、为学而服务。教师的主导作用必须也必然有一个落脚点，这个落脚点只能是学生的学习。所以，教师一定要注重发挥学生的主体性，以学生为中心，从学生的需要和兴趣出发，根据学生的实际水平设计不同的任务，创设适当的学习情景，引导他们积极利用多种信息资源，与学习伙伴合作、协商，共同完成任务。教师必须激发学生的参与意识，为其提供参与机会，最大限度地发挥学生的主观能动性。翻译知识和技巧的获得是由学生主动探索、思考、实践等亲身体验和探究出来的，教师只是探究的组织者、指导者、促进者和评价者。

（二）坚持以任务为主线

任务型翻译教学模式区别于其他教学模式最根本的特点就在于它强调以各种各样的任务为主线，强调采用具有明确目标的“任务”来帮助学生更主动地学习和运用语言。所谓任务，就是一种活动，具有以意义为主、有某种交际问题需要解决、与真实世界的活动有某种联系、完成任务优先、以结果评估任务五个特征。就任务型翻译教学而言，任务的内容主要有对比英汉语言文化、认知翻译理论和技巧、积累各种文体的翻译实践经验等。任务型翻译教学要求教师以任务为主线来组织教学，自始至终地引导学生通过完成具体任务驱动学生学习翻译，获得和积累相应的翻译知识和技巧，锻炼提高翻译能力。总之，该模式重视学生在执行任务过程中的参与和协作，重视学生在完成任务过程中的能力和策略培养。学生在学习时首先考虑的是如何完成学习任务，而不是学会某种语言形式；所谋求的目标不再是机械的语言训练，而是实际翻译能力的培养。

（三）坚持以协作互动为方式

任务型翻译教学模式不仅重视培养学生独立探究的精神，还重视培养学生的协作精神，力图使学生在完成任务的过程中，通过学生、师生多向互动、协作，通过意义磋商、交流、大量的语言输入和输出，培养和发展学生的实际翻译能力。

任务的完成过程是协作互动的过程。一方面，协作互动有助于学生建立对任务更为全面的理解，加深对意义的建构；另一方面，协作互动会使学生产生让别人明白自己表达的需求和达到这一目的的喜悦，有助于激活其学习动机，让其通过与他人的协作互动，从事大量翻译实践，积累翻译知识和技巧。任务型翻译教学强调协作互动学习的重要性，将学生个人之间的竞争转化为学习共同体之间的竞争，培养了学生之间的协作精神和团队精神，也弥补了一个教师难以应对众多有差异的学生的不足，真正实现了使每个学生都能得到发展的目标。

（四）坚持以学习情景为前提

情景是指一定的社会文化背景。学习情景对翻译知识和技巧的建构起着重要作用，不同的学习情景对翻译理论的理解与建构、对翻译技巧的选择与使用都会产生重大影响。真正的、完整的翻译知识只能在真实或类似于真实的学习情景中才能获得，翻译技巧的实际掌握也必须在真实或类似于真实的学习情景中才能体现。因此，在任务型翻译教学中，创设适当的（即真实或类似于真实的）学习情景，有助于学生翻译理论与实践的结合，有利于提高学生的实际翻译能力。换言之，教师应在设计任务时尽力创设真实或接近真实的情景，将课堂内的翻译学习与当前的社会文化背景相结合，让学生置身于贴近自己生活的语境中，通过完成任务，深刻地感受翻译学习与自己生活实践的紧密联系，激发他们自主、协作学习翻译的兴趣和学好翻译的信心，促进其实际翻译能力的提高。

三、任务型翻译教学模式的教学结构

任务型翻译教学模式的教学结构主要包括任务准备、导入、实施、巩固四个基本环节。这四个基本环节是贯彻教学原则、完成教学任务的有效保证，是既相对独立，又相互衔接、相互影响的有机结合整体，教师在实际操作中要注意它们之间的相互联系和制约。

（一）任务准备环节

任务准备环节主要是指教师从学生的需要和兴趣出发，结合社会对翻译人才的需求，从学生学的角度，根据学生不同层次的水平，精心设计各种任务。任务的选择和设计是该模式得以顺利进行的关键，其具体设计应把握下列要求。

1.任务涵盖的范畴应广泛

任务涉及的领域应从传统的文学作品翻译扩展至经贸、科技、外交、军事翻译等。任务的范畴还应囊括翻译理论与技巧的学习，即教师应根据专业特点、社会需求和学生的认知现状选择一些理论和技巧引导学生学习，让学生有意识地运用理论指导实践。另外，任务的设计还应注意语言形式与意义的结合。

2.任务的内容应具真实性或类似真实性

任务的内容应贴近学生生活和学习经历，与现实世界有某种联系。这种联系不是笼统的，而是具体的，能引起学生的共鸣和兴趣，激发学生积极参与的欲望。所涉及的情景和语言形式等要符合实际的功能和规律，使学生在一种自然、真实或类似真实的情景中体会翻译知识和技巧的应用。

3.任务的难度应根据学生的实际水平，由易到难，重视个体差异

教师应利用问卷调查、水平测试、座谈交流等多种形式了解学生的实际水平，以此为基础设计学习任务。任务的设计应反映学生的认知规律，由简单到复杂，层层深入，前后相连，形成由初级任务向高级任务以及高级任务涵盖初级任务的循环，构成“任务环”，使教学呈阶梯式递进。

4.完成任务的形式应具多样性

学生可采取自主、结对或小组协作等形式完成任务，可通过传统的图片、

纸质材料等形式完成任务，也可大量运用现代技术，通过录像、光碟、多媒体课件、网络论坛等电子材料形式完成，还可以通过参与具体的社会实践来完成。

（二）任务导入环节

在任务导入环节中，教师按照任务设计，利用图片、录像、背景材料等创设情景，做一些激发学生学习兴趣的“热身”活动，吸引学生的注意力，让学生在十分活跃、轻松愉快的气氛中进入翻译学习，恰当地呈现完成任务所需的关键性知识和技巧，为学生提供必要的输入，介绍任务要求和实施步骤，为后续环节做好铺垫，主要分以下几个步骤进行。

1.在实施学习任务之前，教师应引导学生复习与任务有关的已掌握知识和技巧

教师应尽量激活学生与任务相关的背景知识，减轻其认知加工负担，为学生开展学习任务扫清障碍。教师可采用多种方式引导复习，如课堂提问、经验交流、多媒体课件等。

2.对学生不熟悉的有关学习任务的话题进行提示

例如，提示任务中所涉及文体的特定翻译技巧、所涉及的某些关键词的翻译等。介绍的内容与任务的完成密切相关，介绍的方式根据教学实际可以是直接、明确的，也可以是间接、含蓄的。

3.教师应组织学生结成对子或划分学习小组，组成学习共同体

教师向学生布置学习任务，使其理解、明确任务的内容、目标、完成时间及完成后应取得的成果等。教师在布置学习任务时的指令性课堂语言一定要简单明了，学习任务的目标越具体越好。

（三）任务实施环节

任务实施环节强调“做中学”的原则，让学生为特定的学习目的去实施特定的任务，通过完成特定的任务获得和积累翻译知识和技巧。教师可利用国内外的学术会议、记者招待会等活动的同传录像、光碟等模拟翻译现场，引导学生从事互译实践，让学生通过完成任务提高翻译能力。该环节主要由执行任务、准备报告和汇报评价三部分组成，学生之间、师生之间采取不同的交互方式，各自扮演

不同的角色。

1.执行任务

任务型翻译教学模式要确保每个学生都有事做，每个学生在任务完成中都应有明确的分工，都应有大量从事翻译实践的机会和充分表现自己的机会，每个学生都应参加具体的任务活动。教师监督、鼓励学生参与学习任务，但并不直接讲授。只是提出思考方向，让学生自己探索，或指出几种可能，由学生自主判断。

2.准备报告

学生准备以口头或笔头的方式向全班或小组报告任务完成情况和任务完成结果。

他们可将汇报内容设计为纸质、录音、录像、多媒体课件等形式，以便能更生动形象地向全班或小组进行汇报。教师应使学生明确汇报目的，组织学生积极讨论，集思广益，在学生无法继续任务时，给予适当提示或帮助。

3.汇报评价

学生向全班或小组报告任务完成情况和结果。

在此基础上，以学生自评、小组互评、教师总评等多种形式，多层次、多角度地比较、分析、评价、补充学生任务完成的结果，总结翻译知识与技巧，探寻翻译规律。教师可扮演主持人的角色，并挑选发言者，对学生完成任务取得的成绩及时予以肯定，尊重学生的意见，鼓励学生的创造性，并提醒学生注意语言形式与意义的结合。

（四）任务巩固环节

任务活动不能仅限于课堂教学，还应延伸到课堂之外，以巩固旧知、预习新知，这是任务型翻译教学模式的最后环节，即任务巩固环节。该环节是学生完成翻译知识迁移，将所学知识灵活运用于实际生活的关键，主要有课外作业与第二课堂两种形式。课外作业和第二课堂的内容都应与课堂学习任务及学生生活经历有关，既复习和强化学生所学知识，变机械学习为有意义的学习，又为他们提供了展示个性和能力的舞台。

1.课外作业

根据课堂任务内容及学生生活经历，教师向个人或小组布置课外作业，使课外作业与课堂教学融为一体。作业题材应适量、多样化，遵循学生的认知规律，难易适度，具有针对性和开放性，能对教学起到反馈作用。教师可向学生推荐参考文献，指导他们课外阅读与课堂任务有关的资料，也可选择与课堂任务有关的内容让学生在课外继续巩固练习等。

2.第二课堂

第二课堂的内容应新颖，但也不是不切实际的凭空安排，而是与课堂任务内容及学生生活经历紧密相关，能巩固课堂任务内容、顺应学生主观愿望、增强学生的思维活力和创造能力。第二课堂的形式应灵活多样，教师可通过组织学生举办翻译竞赛、向报纸杂志投稿、参加各种翻译社会实践等多种形式，为学生提供和创造广阔的学习、实践环境。

第二节　合作学习法的运用

20 世纪中叶，许多学者提出以学生为核心的教学新理念，建立在该理念之上的“合作学习”方法作为一种全新教学模式，被应用于多种课程教学中，并取得了良好的效果。合作学习理论主张将不同能力和特点的学生划分为若干小组，通过开展多种学习活动，促进学生对所学科目的理解。在合作学习中，教师与学生的角色作用与传统翻译教学有所不同，是以学生为中心，教师起辅助与管理引导作用。只有当所有小组成员都达到了预期的学习目的，才能算是真正完成了学习任务。将合作学习形式运用于翻译教学中，极大地提高了学生学习的积极性。

一、合作学习法概述

合作学习法是一种以团体形式组织起来的集体学习方法。它是一种系统的小组合作工作方法。Nunan将这种学习方法归于经验语言学习模式。合作性学习策略强调团体合作，以学生为中心来组织教学活动，强调学生的自我及互相指导、个性发展、内在的动机及合作意识。成员之间的合作动机和信息差距是合作得以进行的基础，合作学习的目的是使各方在合作过程中获取有价值的信息，以弥补自身在信息、知识和能力等方面的不足，并获得心理上的满足和快乐。合作者要遵循一定的原则，即合作各方为取得共同的学习目标而进行多方面的配合。合作式学习必须具备以下五个特点。第一，学生之间有与他人合作以完成任务的心理需求。第二，学生有能力总结、提供和接受各种解释性信息并通过以往的学习经验来完成互动活动和口头交流。第三，学生必须能各自学习语言材料和帮助他人学习语言材料。第四，学生必须练习社交技能，如鼓励他人，如何在不挫伤对方感情的前提下表示自己的不同意见，轮流参加活动以及解决冲突等社交技巧。第五，必须给予学生机会去分析自己的小组如何更好地运作以及如何运用社交技巧。合作学习法源于早期的希腊，在西方教育界，大多数教师采用这种模式来组织课堂学习。采取合作学习法基于以下五个理由：积极的彼此独立性；保证学生的参与；促进学生—教师—学生之间的互动；有助于培养社交技能；有利于探索和实施小组活动运行模式。近年来，我国也有一些外语教师将合作学习法引入课堂，取得了良好的效果。

二、合作学习对学生所起的作用

合作学习打破了传统的教学模式，在教学中营造一种协作式的温馨轻松的学习氛围，有利于激发学生求知的本性，发挥学生自身的潜能、共同学习、互相激励、相互促进。合作学习的好处可以归纳为以下五点：增加学生使用目的语的总量；提高学生使用目的语的质量；提供更多个别指导的机会；拥有学习语言的轻松环境；提高学习积极性。

笔者结合自己的教学实际，将合作学习对学生的作用概括为以下四点。

（一）增强学生的自信和自尊

在合作学习中，使学生学会互相依赖、互相鼓励，感到安全、放松，克服学习中的焦虑感。让学生在练习和对自己“译法”的自圆其说中建立起自信，通过教师的不断鼓励以及小组成员间的相互激励与通力协作，合作学习更容易使学生在竞争环境中保持自信和自尊，从而更愿意尝试新的任务并取得更优异的成绩。

（二）激发学生的学习热情

孔子曰：“三人行，必有我师。”学生不仅可以从教师的教学中汲取知识，也可以通过合作学习获得知识。在合作小组中，学生相互支持和配合，实现的是互动式、协作式的学习，为不同层次的学生提供了更多参与学习的机会，促进了学生之间的交流和沟通，增强了他们的学习自主性。成员间的相互支持和鼓励对缺乏学习兴趣或安全感的学生来说无疑是一种强大的动力，能够促使他们努力学习，配合小组完成相应的学习任务。

（三）提高学生的人际交往能力

人际交往能力是指在一个团体内部与他人和谐相处的能力。培养学生的人际交往能力是高等教育的一个重要目标。现代社会离不开开放的社会人际交往。一个团队就是一个微观的社会。良好的人际交往能力和人际关系是生存和发展的必要条件。合作学习能为学生提供广阔的交际空间，对交际能力的培养具有极大的促进作用。团队成员之间通过互动协作可以加强彼此思想、感情、信息的交流和沟通，学会正确处理人与人之间的关系，提高合作共事的能力，通过与人合作达到互赢互利。

（四）培养学生的团队合作精神

在 21 世纪的信息社会，全球性的各种相互依赖的活动更加频繁，对学生来说，学会积极的相互依存、面对面的合作显得尤为重要。合作学习在教学中强调培养学生的团队合作精神。团队合作精神是一个优秀团队的灵魂，是成功的基础。团队成员要有对团队目标的认同感，有对实现团队共同目标的责任感，有认可自己是团队一员的强烈归属感，有愿意合作并善于合作的意识。在合作学习中，每位团队成员要信任和尊重他人，学会欣赏和包容，不仅要有个人能力和责任心，更要有协调合作的能力，有整体意识、全局观念，并不遗余力地为实现整个团队的目标而共同努力。

三、合作学习理论在英语专业翻译教学中的运用

合作学习在教学中强调学生个体之间的相互支持和配合，实现的是互动式、协作式的学习，为层次不同的学生提供了参与学习的机会，促进了师生之间、生生之间的交流和沟通，并培养了学生的自主学习能力和团队合作精神。翻译教学中的合作学习应包括以下几个步骤。

第一，教师精讲。教师要把握翻译课的教学目的和学习要点，精要地讲解翻

译教学内容中的重点、难点和技巧，为合作学习做好准备。

第二，学生参与。教师把班上同学分成几个组，以 6~7 人为宜，选出一名组长，确定组长和成员的职责，由组长组织本组成员按教师的要求开展工作。

第三，小组讨论。各小组领到任务后，组织组员就主题内容进行交流和讨论，发表自己的见解，互相交流信息和思想，选出最佳答案，教师可做适当的引导和帮助。

第四，小组报告。经过大家的讨论后，由组长或选派出的某个组员代表小组发言，在班上汇报本组讨论的结果。

第五，分析评价。教师要客观公正地对小组报告进行分析与评价，采用科学的检测指标和评分标准来检验学生的合作学习成果。既要发挥合作学习的效果，也要体现个人努力的过程。

合作学习在教学中处处可寻，贯穿在整个翻译教学过程中。教师积极倡导学生参与到课堂的学习和讨论中来；学生也喜欢这种团结合作、参与竞争的学习方式。合作学习在翻译教学中可以通过以下几种方式进行。

（一）课前的合作学习

教师在上第一堂课之前，可让学生谈谈对翻译的初步认识和了解，如希望在翻译课上学到什么内容、想让自己在翻译水平上达到哪个层次、对翻译课有何具体要求与疑问、在哪些文体上需要加强训练等，让学生分组讨论后以书面形式上交教师。教师可根据学生反映的较为普遍的问题，结合自己的教学经验和该学期的教学目标确定教学进度计划和内容。教师有时可将某些教学内容在上课之前发给学生做预习的准备，让学生分组讨论，注意翻译中的英汉两种语言表达的不同，完成从读者到译者的过程。在翻译过程中遇到的问题可及时记录下来，带着问题来上课。教师还可让学生在课前以个人形式完成翻译材料中好词佳句的摘录工作，包括名人名言、谚语、格言、警句、小说、散文或诗歌中的片段等，然后分小组在课前进行介绍交流，选出小组中的最佳代表与作品参加课内陈述报告（Presentation）的表演。

（二）课内的合作学习

1.陈述报告

教师可以让学生在翻译课堂上做陈述报告，这是一种锻炼学生综合能力的重要形式。可根据具体情况确定做陈述报告的次数。笔者的做法是将班上学生按6~7人分成几个组（从性别、学习层次及性格等方面进行搭配），每组由一名组长负责，按组次轮流在每次翻译课上做一次。教师对这样的小组活动要有说明要求、指导方法及注意事项等，杜绝学生偷懒，避免走进学习的误区。课堂上的陈述报告是学生在课前选出的最佳的代表和作品，学生在推出翻译材料之前可适当介绍一下背景知识，然后就材料本身请同学们进行分组讨论，提交自己的译文。这种训练方式既培养了学生的听说能力，又提高了翻译能力，还让学生在教师技能上得到了锻炼。

2.小组讨论

合作学习不但需要小组成员之间互相交流思想和信息，还需要互相合作后确定一个或多个讨论结果。小组讨论这种活动方式比较有利于培养学生对教师、同学及翻译材料的正确认识，在交流中体会到与同学合作的乐趣，促进交际水平的提高。在这一环节，教师确定讨论的内容，可讨论某次翻译作业、某个话题、某个语篇等，要求组内成员有分工也有合作，先完成自己该承担的部分，再与其他成员对接，积极参与到讨论、提问和回答问题中来。教师要给予一定的时间限制，在控制时间范围内一般不要中途打断学生的发言，以免挫伤学生的学习积极性，但如果一旦发现讨论偏离了主题，教师就要及时介入，保证小组讨论的有效性。

3.小组练习

翻译教学是一门理论与实践相结合的学科，在教师讲完一些翻译理论和技巧后，就要有意识地给学生布置一些翻译练习让他们在课堂上完成。教师可结合学生实际，选择一些既能吸引学生兴趣又能达到练习目的的课内外材料，如具有代表性的一些段落或篇章等，要求学生经历人人准备、共同讨论、集体修改、汇总定稿的过程，让学生真正做到相互学习、取长补短、集思广益。在练习过程中，教师还要指导他们正确地使用工具书，提高翻译速度，训练全译、摘译及编译等方面的能力。

4.小组评价

评价是学习过程中的一个十分重要的环节，让学生参与评价，不仅可以改变他们在传统教学中的被动地位，还可以使其从评价中得到启发，找出改进的方法，提高翻译能力。小组评价就是让同学们相互交换翻译练习或作品并提出修改意见和建议的小组活动。通过评价和批改可以加深学生对错误的认识，增进同学之间相互学习和交流的机会，锻炼发现和解决问题的能力。小组评价还能使学生由被动接受知识转变为主动学习知识，有助于发挥学习的积极性和创造性，在不断完善译文质量的同时，可以适当地减轻教师逐个批改作业的负担。

5.讲评总结

教师对每组学生的翻译练习要给予讲评，把练习中出现的普遍性问题在课堂上重点讲评，讲评时指出问题出现的原因，不断总结规律，寻求解决问题的最佳策略。教师既要帮助学生发现错误、纠正错误，又要肯定和保留学生译文的可取之处，还可印发优秀的翻译作品，供学生借鉴和学习。教师要让学生正确地理解英汉语在语言表达上的各自特点与差异，多给予学生鼓励和引导，帮助其树立自信心，提高翻译能力。教师在讲评中还要不断总结学生每次合作学习的优势和不足，制定合理的“合作原则”，提高合作学习的效率。

（三）课后的合作学习

课堂上的时间十分有限，有时对一些在课堂内处理不完的翻译材料可以在课后解决，课后的合作学习是课内合作学习的延伸和发展。在课后的合作学习中教师可让学生完成以下几方面的内容。

1.理论学习

教师把翻译理论的基础知识、翻译界的最新动态、翻译研究的发展与方向等材料发给学生，让学生分组讨论老师提出的问题，写成书面报告，上交老师审阅。学生可从中了解到一些与翻译相关的知识，从而拓宽翻译学习的视野。

2.佳作赏析

给每个小组推荐翻译名家的作品，如小说、戏剧的片段、散文、诗歌等，让学生阅读和鉴赏译文佳作，体会翻译的“美”，从文学素养上提高语言表达能力，为进一步学好翻译奠定语言基础。

3.小组辩论

辩论是一种极具挑战性和竞争性的活动，在一定范围内开展小组之间的辩论可以锻炼学生的思辨能力与语言表达能力。教师利用课余时间在每两个小组间进行翻译辩论，其他组的同学当听众和评判员，会使全体学生受益匪浅。

4.竞赛活动

开展翻译小组之间的比赛能激发学生的学习兴趣，使学生通过对比来发现问题，提高合作学习的效果。教师要给胜出的小组一定的奖励，让其体验成功的喜悦，对失败的小组也要鼓励，希望他们在失败中总结经验，为下一次竞赛的成功做好准备。

第三节　互动教学法的运用

学习就是一种互动过程，是一种协作习得的过程。建立翻译课程互动教学模式，符合人类对事物的认知。这种教学模式一旦建立，至少将会产生以下效果：学生真正成为学习的主体和中心，有利于激发学生的兴趣和动机；学生全程参与互动，在此过程中，有利于鼓励学生进行批判型思维，更易于形成个体的学习风格；在互相协助的过程中，有利于学生消除学习中的紧张焦虑情绪，提高学习效率；教师在互动中是协调者、促进者、资源顾问，在互动的过程中帮助学生构建翻译能力。也就是说，教师最终让学生收获的，不只是翻译的理论知识和具体的翻译技巧，还有独立工作能力和翻译能力。

一、互动教学法概述

互动教学思想源于社会学中的互动理论。众所周知，欧洲是人类历史文明发展的摇篮，20 世纪的欧洲更是当时社会学研究的故乡，在此也理所当然地萌发了许多影响重大而深远的理论，如较早的结构功能主义及其对立的冲突理论和社会学的分支研究相关理论（实证主义社会学、心理主义社会学、社会学主义）等。这些理论和思想都深刻地影响着社会学的构建与完善，同时广为流传、影响深远，互动理论正是在这样的历史社会大背景之下应运而生。世界和人是实用主义的两大主题，世界具有不稳定性、选择性、创新性和可能性；人之所以为“人”，主要是通过人与自然、人与社会、人与人之间的相互共同作用而形成的。符号互动论又被称为象征互动论，认为社会不是独立存在的，而是由个体间互动而构成的，要了解、探寻社会中存在的各种社会现象也只有从这些互动行为中来寻找，其关注点在于社会互动过程与社会关系。

米德（Mead，J.H.）被公认为互动理论中最有影响的创始人，他的互动理论的基本思想是：个人、自我、社会均产生持续不断的对话与交往，人类的交往是通过有意义的动作，即有别于非人类的自觉意识的影响而实现的，动作被行为者赋予了意义，手势也就变成了符号，符号的互动正是人类行为的本质特点。米德的互动论认为互动存在以下两种不同类型的对话的倾向：首先是“外部世界的对话”，即人与外界（社会、自然、他人）之间的一种互动；其次是“内部世界的对话”，即人自身内在不同面间的一种互动。但“符号互动论”一词最早在米德的学生布鲁默（Blumer，H.）名为《米德思想的社会学意义》的著作中提出，他认为只有“符号互动论”最能体现概括米德关于互动论的主要思想。

自布鲁默之后，互动论开始在米德和布鲁默研究的基础上展开，并形成了以下几个倾向：遵循相对纯粹的“布鲁默主义”的理论立场，坚持解释的意义并对直接的开放的互动做进一步的研究；继续坚持外部环境对行动的意义；进一步发展米德的自我理论；在超越社会与自我之间的障碍方面做出努力。通过对社会学中互动理论的分析，对当今我国教学论的研究至少有以下几点值得借鉴的地方：第一，将研究视角放在具体的人与人之间的互动上，可以使教学论研究进入具体的课堂环境，可以使我们关注师生的具体行为和具体教学情景，为教师的教学提供切合实际的帮助；第二，就学生的发展而言，传统的教学论总是强调学生的发展是教师行为的结果，忽略了学生本身的知识建构问题，忽略了学生行为的习得和各方面的转化取决于学生自身对外部环境的影响、解释与反思，即取决于学生的自我意识；第三，互动理论强调互动是人与环境的作用；第四，互动教学要求不仅要关注教师单方面的进步，而且更为重要的是通过与其他人、事、境互动，促进学生的内在发展和教师自身的可持续发展。

二、多元互动教学的特点

（一）教学因素的互动交融性

在大学英语多元互动教学模式中，各种教学要素不是孤立的，它与其他教学因素紧密相关。它将教学主体、教学手段、教学方法、教学材料、教学环境、教学组织形式、教育政策等多因素交织为互动的一体并协调发展的动态过程。从互动主体上来讲，教学主体（师生）之间、教学环境（教学政策、教学资源、多媒体网络等）与教学主体之间、教学场地（课堂内外）、教学结果与教学过程之间都产生了积极的互动。从互动形式上看，本模式中既有显性互动（如师生互动、生生互动、生机互动等），也有隐性互动（如教学政策与教学过程之间的互动、学生活动中的文化互动以及课堂上下教师与学生的情感互动、认知互动等）。可见，大学英语多维互动教学模式是认知与情感、形式与意义的统一。互动的交融性是该模式的核心特征。

（二）互动的层次性与自主性

多元互动教学模式对学生的学习内容、学习方法、学习过程与进度、网络媒体的使用等不做统一的规定和要求，而是以师生共同制订的"自学—指导"计划为风向标、以互动任务为驱动，充分尊重学生个性的互动教学，以满足不同层次学生的需要。同时，多元互动教学要求师生在课前课后必须做好充分的准备工作，包括课前学生自身目前的认知水平与以往有关的认知结构进行互动以形成新的认知结构，学生与学习材料之间的互动，学生与学生之间的合作互动，学生与信息网络之间的互动，师师互动等；生生、师生的情感互动、认知互动，知识与实践之间的互动，学生与计算机的在线学习监控、测评措施等的互动等；课上师生的行为互动、人机互动、人本互动、生生互动、情感互动、认知互动、师生与教学环境、文化氛围等之间的互动等都离不开学生充分发挥自己的主观能动性，并在很大程度上培养了学生自主探索、互动协作和实践创新的精神。总之，在互动过程中，重视学生的思维和主动性成为互动教学关注的焦点。

（三）教学形式的多样开放性

多元互动教学从实质上而言就是要放手让学生干，还课堂于学生，赋予学生学习的自主权与主动权，这就需要学生积极地参与到教学活动中来，促进多元教学要素的有效互动。在此过程中，教师应当转变角色，为学生提供开放的互动环境，采取多样的互动形式，提供全方位的互动内容，引导多层次的互动主体。多元互动教学采取“一纲多本”的教材，在全国统一的教学纲领下，根据地区差异、学校的差异、学生的差异进行多样化的教学，教材不是一成不变的；教学也不再是一言堂的灌输式教学，而是赋予学生自主权，强调学生自身内部的互动与学生之间的合作探究学习；师生协助引导，注重学生主观能动性的培养和对自己的学习负责，引导学生学会学习、自主学习和终身学习，为实现学生的全面发展和可持续发展做准备。教学活动形式的多样性与开放性不仅可以使学生积极参与到教学设计中，而且能调动学生的学习兴趣与热情，同时能为学生提供更多的展示机会。

（四）互动结果的互补互惠性

没有互动的教学不能称之为真正的教学。互动主体间之所以需要互动是因为互动的双方本身由于本质、能力、环境、性格、背景、思维方式、需求等都存在一定的个体差异性，这就为双方的互动提供了充分的必要条件，同时，这样的互动行为必定会带来相应的互动结果。互动的结果应当是互动双方通过互补互惠、实现双赢而形成一种强大的合力，这种合力无疑高效地提高了互动教学的教学效果。同时互动类型的多样化使得互动结果的互惠互补更加丰富多彩。“以教促学，以学促教”“教学相长”“生生互助共进”就是我们在教学活动中体现互动互惠互补的最鲜活的例子。总之，以牺牲互动一方的利益而得到的教学效果不是真正的互动，互动的目的和结果是为了互动各方因多元互动而实现互动多方多赢的教学成效。

三、翻译课程互动教学模式

那么，怎样来实施互动教学模式呢？如何才能真正做到“任务型”教学呢？如何才能真正做到以学生为中心呢？如何让学生在实践和思索中，在交流和探讨中发现、运用双语转换的规律，从而最终提高翻译能力呢？这就需要在整个教学活动中全程贯彻互动教学，通过教学过程中的师生互动、生生互动、课内互动以及课外互动达到翻译课程的真正目的。现将这一教学模式介绍如下。

（一）课内互动

1.开学初的课程互动

开学的第一堂翻译课，教师不要急于向学生灌输翻译史或翻译理论等方面的知识，而是要与学生交流，了解学生对翻译的认识和理解，了解学生对翻译课程的期待。一般说来，此时学生对翻译难免存在一些误解，如会把翻译简单化，对翻译课程的期待过高，或者将翻译课程当作提高语言的后续课程等。这时，教师就须要做一些必要的解释，引导学生一开始就树立对翻译的正确认识，为后面的课程教学奠定良好的基础。当然，也可以和学生共同商讨课程的要求、作业量以及完成方法。第二学期开学初，则可以让学生以书面形式告知教师对哪种文体感兴趣、想尝试翻译哪种文体甚至具体的哪些篇章，说明选择的理由，教师则综合学生的意见、自己的教学经验以及本学期的教学目标进行筛选，最后给出翻译练习的篇目，并给予充分的解释。让学生自己选择翻译的原文，有利于学生形成自己的翻译风格。因为教师的职责不是拿一些满是“陷阱”的文章难倒学生，使学生产生对翻译的畏惧感，而是指导学生认识到任何一篇始发语文章都可以有各种各样不同的译文，给他们指出各种不同的路径，使他们能够离开教师的扶持而独立工作。

2.课堂汇报互动

在第一学期介绍翻译流派、翻译技巧等理论知识时，不是由老师唱主角，而是将任务分配给学生，要求学生以小组为单位收集相关内容，学生课前讨论之后，产生相对统一的见解，每个小组在课堂上派出 1 名代表进行 5~10 分钟的陈述，组内其他成员可以进行补充和说明。遇到有分歧的问题，小组之间也可以进行一些交流和争论。这种做法不仅可以让学生感受到教师的信任感，增强自我学习和探究的自信心，同时也便于教师了解学生对知识点掌握的情况，进行具有针对性的讲解，有利于学生对知识的消化吸收，从而大大提高学习效率。

3.现场模拟互动

在课堂上，选择英文名著对学生的翻译能力加以培养。比如，在《简・爱》两个译本评析课堂上，在导入部分选取书中男女主人公一段经典的对白。利用多媒体将英文对话部分显示在屏幕上，先让两个学生分角色有表情地朗读，然后让另外两个学生分角色译成英文，随后让2~3个同学点评，最后老师做点评，与学生一起探讨翻译的得失，肯定学生的表现，同时指出须要注意的地方。在口译课程训练中，模拟宴会、记者招待会、商务洽谈会等真实场景。学生在真实的场景中体味翻译的快乐和痛苦，品尝译者的成功和失败，学会琢磨、推敲、应变，不仅激发了学生的学习热情，克服了学生“等靠要”的思想，而且促进了学生的消化和吸收，在“悟”中培养了学生的翻译意识。

（二）课外互动

1.课前互动

由老师将课堂上要讨论的主题事先布置给学生并给予指导性意见和具体要求，要求学生以小组为单位收集相关的内容，各小组组长将组员的任务细化，并上报老师。学生课前就各自收集的资料进行讨论，并充分利用网络课堂，课前在网络课堂的聊天室里交流，也可以将不能解答或者感到迷惑的问题在网络课堂的答疑栏中提出。课前在讨论中产生相对统一的见解，课堂上进行小组汇报。这种互动让学生在老师的指导下进行探究式学习，不仅能让学生真正领悟翻译，而且有利于初步培养学生的科研能力，为其今后的论文写作以及深造奠定一定基础。

2.译前互动

在布置篇章翻译作业时，先告知原文的出处，让学生分析原文的文体、功能，并提醒学生在翻译时注意考虑译文读者的接受情况，恰当地处理译文功能，要求学生查询相关的背景资料。同时，可以和学生一起讨论文章理解的难点和翻译的难点。通过这样的译前互动，可以部分避免学生翻译中的语言错误，改变传统教学中的“纠错”教法，把学生的注意力引导到翻译技巧的实践中去，引导学生发挥自己的优势，产生高质量的译文，有效地提高其翻译能力。

3.译后互动

学生独立完成翻译作业以后，并不急于让他们上交，而要求学生以小组为单位，对翻译作业进行互评，在翻译本上写出评阅意见，然后分组讨论，最后每组上交一份自认为比较满意的译文，作为最终成绩。同时，每个学生上交自己的译文修改本，便于老师把握学生的翻译进展情况。这样做的目的在于：

（1）让学生了解要想写出满意的译文，一定要反复地修改、推敲，有利于学生养成良好的翻译习惯；

（2）有利于培养学生分析、评判译文的能力；

（3）小组讨论可以在学生之间形成互帮互助的氛围，有利于培养团队精神；

（4）改变教师批改翻译作业费时不讨好的局面，因为学生在讨论的过程中基本上可以消灭拼写错误、语法错误等，便于让老师集中精力对学生的语篇、文体等进行翻译方面的指导，提高教学效果。

4.译文评析前互动

这个环节主要指的是学生完成译后互动行为之后，在规定的网络互动时间内进入翻译网络课堂的聊天室进行师生、生生、组内、组际互动。互动的内容包括翻译过程中的得失、翻译策略选择以及具体的翻译词句探讨等。这样做的优势在于：

（1）通过进一步的交流，有利于学生之间取长补短，更好地感悟翻译；

（2）给性格内向的学生提供一个表达自己见解的机会和空间；

（3）便于教师更好地把握学生的情况，在课堂上进行有针对性的讲解。

（三）互动评估

评估是教学中一个不可或缺的环节，有效的评估体制不仅可以正确评价学生的学习情况，更有利于教师了解学生的学习动态，把握自己的教学现状，从而进行教学方式的调整，不断提高教学质量。翻译课程评估将形成性评估和互动评估有机地结合起来。

1.作业互评

作业互评要求学生在译文中留下修改的痕迹，写下评阅意见，并签上评阅者的姓名。教师收上翻译本子后，不仅可以看到学生的学习情况，同时可以了解评阅的学生的译文评判能力。教师根据译文情况以及评阅情况同时给两个学生打分。这一环节主要根据学生的学习态度打分，其目的在于培养学生良好的翻译习惯和认真负责的翻译态度。

2.网络互动

网络互动的所有内容会被自动保存下来，评分主要根据学生的参与情况来进行，其目的在于鼓励学生积极思考翻译问题，不断进步。

3.课堂汇报

课堂汇报评分主要由两部分组成：一个是学生评分，另一个是老师评分。学生评分包括自我评分和他组评分。在所有评分中去掉一个最高分、去掉一个最低分，以最后的平均分作为成绩。评估的标准包括：内容（50%）、逻辑（20%）、语音语调（10%）、应变能力（20%）。

4.翻译作业

翻译作业的批改可以采取以下两种形式：

（1）在一学期中，教师逐个批阅所有学生的作业 3 次，即学生的第一次作业、期中作业以及期末作业。第一次翻译作业批改可以使老师从整体上把握学生的现有水平，便于实施相应的教学策略。期中一次作业批阅可以使老师了解学生的进展情况，便于针对出现的情况适当调整教学方法。期末一次作业批阅便于老师了解学生一学期的收获，总结自己的翻译教学。

（2）学生小组讨论后产生一篇自己比较满意的译文，通过网络课堂上交；老师课前评阅，课堂上讲解分析译文后给出评分标准，匿名展示每个小组的译文，让学生根据讲评要点和评分标准进行公开打分，并说明理由；最后教师综合情况给出分数。这种评分办法公开透明，有利于发挥老师的引导作用，将理论化、条文化的翻译知识和翻译实践结合起来，从而培养学生的翻译意识和批判性思维能力，提高学生的翻译实践能力。

5.期末考试

在期末考试中，除了传统翻译题型以外，还可以设计 20%的译文评析题，要求学生利用所学的翻译理论知识和翻译技能，认真研读所给的原文和 2~3 个译文，对译文进行评析，判断优劣，做到观点鲜明，有充分的例证，条理清楚，逻辑性强，能够自圆其说。这种考核方式也是评估阶段师生之间的一个互动，方式能更全面地评估学生对教学内容的掌握情况和综合运用所学知识的能力。

第四节　项目导向法的运用

“项目导向教学法”是把整个学习过程分解为一个个具体的工程或事件，设计出一个个项目导向教学方案，按行动回路设计教学思路，不仅传授给学生理论知识和操作技能，更重要的是培养他们的职业能力，这里的能力已不仅是知识能力或者专业能力，而是涵盖了如何解决问题的能力：方法能力、接纳新知识的学习能力以及与人协作和进行项目合作的社会能力等。当前在我国的高等教育和职业教育的体系中，已经有不少学校和专业利用“项目导向教学法”的模式进行了课程改革，并取得了良好的效果。

一、语言学领域的“项目导向教学法”

“项目导向教学法”的概念和意义:“项目导向教学法”（Project Teaching）最早起源于美国，是由美国著名教育家凯兹教授和加拿大教育家查理教授共同推出的一种以学生为本的教学方法，它是师生通过共同实施一个完整的“项目”而进行的教学活动，是职业教育领域非常典型的行动导向教学组织形式，盛行于德国企业的职业教育领域，并对德国的职业教育产生了巨大影响。在大学教育中，“项目”主要是指以生产具体的、具有实际应用价值的产品为目的的一种任务，它旨在把学生融入有意义的任务完成的过程中，让学生积极地进行学习，自主地进行知识的构建。它应该满足以下条件：该工作过程用于学习一定的教学内容，具有一定的应用价值；能将某一教学课题的理论知识和实际技能结合起来；与企业实际生产过程或现实商业经营活动有直接的关系；学生有独立制订计划并实施的机会，在一定时间范围内可以自行组织、安排自己的学习行为；有明确而具体的成果展示；学生自己克服、处理在项目工作中出现的困难和问题；项目工作具有一定的难度.要求学生运用新学习的知识、技能，解决过去从未遇到过的实际问题；学习结束时，师生共同评价项目工作成果。

根据布里基斯（Bridges）和豪林格（Hallinger，1992）、格兰特（Grant，

2002）的定义，项目导向教学体现了以学生为学习主体的教育思想，其基本特征是为学生提供可以对有价值的课题进行深入研究的机会，让学生身体力行地进行科学研究，在研究工作中体验完整的科学研究过程，形成科学研究意识和获得初步独立进行科学研究的能力。实行“项目导向教学法”须满足以下几点要求：项目必须是一个有步骤的系统过程；项目所涉及的内容和学生所学专业紧密相关；项目目标预期明确，有实施计划；项目在教师的指导下进行；学生实施项目的情况可以被跟踪观察；项目的最终结果应该是可以评估的；项目应该凸显合作意识。这种项目导向教育思想在西方学校教育中得到了广泛的应用，特别是在理工科专业中已成为美国教育的主流。

项目导向教学在我国基础教育和高校专业教学中也得到了尝试性的应用。有些大学的英语专业教学（如南开大学外国语学院的英语专业）也在开展这种基于项目的教学实践，但在大学英语教学中不多见。从项目内容方面讲，以语言研究为内容的项目导向教学活动更为少见。这主要有两个方面的原因：一是认为语言研究是语言学专业教学的事，和语言学专业外的教学无关；二是认为我们对自身的语言太熟悉了，不知道有什么可以研究的，故而看不到语言研究在科学研究通识教育中的价值。其实，首先，语言中的各种现象和事实本身就是最便捷的、唾手可得的研究材料，任何研究者都可以用探索的科研心态获得；其次，语言本身就是一个奇妙而复杂的有机系统，有其自身的法则和规律，有许多可以研究的地方；最后，研究语言不必通过复杂的实验工具就可以直接感知和观察。按照项目导向教学关于研究重点不在成果而在过程的要求，语言研究十分适合作为大学英语项目导向教学的内容。

在项目导向教学中，学习过程成为一个人人参与的创造实践活动，注重的不是最终的结果，而是完成项目的过程。在这个过程中，学生学到的不仅是理论知识和操作技能，更重要的是获得一定的职业能力，这里的能力涵盖了如何解决问题的能力、接纳新知识的学习能力以及与人协作的社会能力等几个方面，而这些能力正是社会对大学毕业生的要求，所以，在大学教育中推行“项目导向教学法”具有十分重要的意义。

二、“项目导向教学法”对我国传统翻译教学的影响

（一）学生学习兴趣

项目导向式教学法能够改变原有翻译课程传统教学中教师“一言堂”的教学模式，将所开设课程的教学内容设计成具体技能的训练项目，根据项目组织实施教学与考核.重点体现翻译的趣味性与应用性，从而提高学生对翻译课程的兴趣和主动性。

（二）课堂学习效果

项目导向式教学法能够使学生从被动地接受翻译到主动地翻译，从根本上改变学生的学习及思维习惯，培养学生的主动性、创造性。学生从此不再是被动地学习所谓的翻译技巧，而是主动思考、研究并进行翻译实战，从实战中学习技巧、巩固技巧、熟练掌握技巧，学习效果会事半功倍。

（三）学生未来发展

项目导向式教学法由于在实践的过程中引用的都是真实的翻译项目，学生在真正踏入翻译行业之前就已经充分了解并能够驾驭翻译实践。更为重要的是，由于翻译项目都是与当今时代充分接轨的材料，体现了当今社会真实的文化差异，学生能够在不断实践的过程中了解这些信息，真正掌握处理文化差异的翻译方法，使学生成为不但具有过硬的专业知识和技能，而且能够促进国际文化交流的全方位的应用型人才。

（四）翻译专业课程教学长远发展

建立一套全新的、实用的、科学的、系统的翻译教学模式，是翻译专业教学改革的基础，有利于培养大批创新性、技术技能应用型翻译人才，为翻译专业的长远发展奠定坚实的基础。

三、“项目导向教学法”在大学英语翻译教学中应用的可行性

“项目导向教学法”是一种围绕一个具有很强“实践性的和接近生活实际的工作活动”进行教学过程设计的教学方法，在完成工作活动的过程中，特别强调学生要尽可能自主完成。从中可以看出，“项目导向教学法”不仅突出教学内容

的“实践性”和“职业性”，而且强调学生的自我反思能力。与传统的教学方法相比，“项目导向教学法”打破了传统的知识本位和学科本位，实现了从以教师为中心到以学生发展为中心的转变，有利于培养学生的职业能力。项目导向教学可以分成以下四个教学阶段：明确项目任务；制订项目计划；实施项目计划；项目成果展示和评估。学生在教师的引导下，从工作活动中或类似工作情景中确定要解决的问题或任务，并为此共同制订切实可行的解决计划，通过小组的共同努力实施项目计划，解决问题或完成任务；最后，展示各小组的成果，并检查评估项目计划及其成果。“项目导向教学法”被引进国内后广泛应用于各个学科的教学中，在大学教育中也被广泛应用。这一教学法要求尽力从工作活动中选取典型项目，着眼于学生未来职业能力的培养，非常有利于解决我国大学教育面临的学制短、要求高、学生基础薄弱等一系列问题，有利于提高大学教育的质量。翻译课作为大学商务英语的一门重要核心课程，“项目导向教学法”的合理应用也必将进一步提高翻译教学的效果，促进学生翻译能力的发展。

四、“项目导向教学法”的实施过程

“项目导向教学法”在教学过程中要以学生为中心，充分发挥学生的主动性和创新性，而教师起着指导和协助的作用，负责整个教学的设计和组织，一个完整的项目导向教学的过程一般有以下四个阶段：项目设计期、项目实施期、项目展示期和项目总结期。

（一）项目设计期

好项目可以充分调动学生学习的积极性，所以项目的选取非常关键。项目设计最重要的原则就是可实践性，以保证学生可操作并有所收获。因此，项目设计应采用结构化的方法，自上而下、逐步细化，应注意以下事项：①从本校的教学资源实际状况出发，项目要可行；②项目由易到难，逐步提高难度；③项目设计要注意分散重点、难点，要考虑“任务”的大小、知识点的含量、前后的联系等多方面因素；④项目设计要符合学生的特点，充分考虑学生现有的文化知识、认知能力、年龄、兴趣等特点，做到因材施教；⑤以“项目”的方式（即以“布置任务—介绍完成任务的方法—归纳结论”的顺序）引入有关概念，展开教学内容。

“项目导向教学法”的着眼点在“项目”，而项目的选择要以教学内容为依据。

项目设计以国际商务情景下（接待、陪同、洽谈等）商务翻译员或商务助理员的工作任务为线索来进行。设计的项目活动载体以一个大学毕业生新入公司后经历的一系列翻译涉外活动为主线，使用各种对应知识点和技能点的案例，覆盖所有16个工作项目，合成完整、真实的商务译员或助理岗位工作任务。

（二）项目实施期

项目制定好后，学生要根据项目细分任务，制订工作计划和步骤，并分组实施。项目的实施采用自下而上、由易到难、逐步完善的原则进行。此时，教师应充分相信学生的能力，让他们自己动手，面对学生计划中的欠缺或不完善处，教师可适当地加以点拨或指导，然后师生合作，共同完善它。在实施项目的时候，要根据不同的项目采用不同的方法。

对于一些比较简单的操作步骤，学生自己可以从书上或者其他渠道（网络、实地调查）找方法，自己根据理论知识进行操作；对于一些操作比较复杂的项目，教师要及时给出相关资料，还应适当提醒学生先做什么、后做什么，必要的时候做一下示范，这样既可以避免接受能力较差的学生面对较为复杂的项目时束手无策，又能避免学生走不必要的弯路。例如，在公司简介翻译环节，可以通过公司模拟法，将全班学生分成四组，以组为单位模拟成立外贸公司，让学生为自己的公司取名，注册国籍和业务范围，设立法人代表，成立董事会，制作公司简介。在此基础上，根据教材内容和项目要求，做成演示文稿，在多媒体教室展示，学生相互评价。这样，学生通过进行相应的商务模拟实践活动熟悉了商务活动环节。

（三）项目展示期

这一阶段是以学生作品展示为主、教师点评为辅，其特点是集思广益，开阔思路，鼓励创新。可以进行作品欣赏或方法交流，可以开展一些热门问题的讨论，让学生在思路上得到一些启发，取人之长，补己之短，提高创作水平。这一阶段可以在教学节奏上给学生一个放松的时间，同时教师可以查漏补缺，讲解一些共同的难点和重点，并触类旁通地给出大量应用实例，加深学生对所学知识的理解。

（四）项目总结期

由于学生学习能力不同，对知识的吸收和掌握程度也不同，容易造成学生成绩的两极分化和教学知识点的疏漏。针对这些问题，教师在采用项目导向教学模式的时候，要加强课堂小结和对知识点的回顾，使学习能力差的同学或操作有疏漏的同学能通过教师的总结和回顾跟上教学进度，全面掌握知识点，达到教学要求。

“项目导向教学法”设计案例：实地搜集苏州市区著名商标、品牌及商号的英语译文，并分析或纠错（课堂演讲）。

【步骤一】宣布教学内容、目的（时间 5 分钟）

新课导入项目任务：苏州天成体育用品有限公司市场部经理将赴欧洲寻求合作伙伴，要求其助理根据公司简介整理材料，将公司名称和产品名称等翻译成英文。

【步骤二】知识归纳和操作示范（时间 40 分钟）

商标、品牌及商号的概念和特征；商标、品牌及商号的翻译方法；商标、品牌及商号的翻译纠错示范。

【步骤三】学生项目实施和展示（课堂演讲）（时间 40 分钟）

任务 1：为苏州市区著名商标、品牌和商号及其英语译文分析或纠错。

任务 2：设计中英文商标（品牌）和商号（公司名称）各一个，并阐述理由。

【步骤四】总结和作业布置（时间 5 分钟）

五、“项目导向教学法”对翻译教学的启示

（一）积极开展师资培训，提升教师的课堂监控能力

把“项目导向教学法”推广应用到学生职业能力的培养中，须要做好师资培训，给教师接触实际职业岗位的机会。例如，安排英语教师定期到基层企业实习锻炼，或到校外从事外销员、导游、翻译等兼职工作，学院利用寒暑假对英语教师进行职业培训，采用集体备课形式来优化设计项目等。

（二）加强“项目导向教学法”中的有效输入，提高学生的项目参与度

在“项目导向教学法”的实施中，教师应灵活融入不同文化背景知识。例

如，在西餐餐桌礼仪、筹备庆祝晚会等项目中，应考虑到西方国家的风俗习惯，提高学生的参与度。另外，采用多种途径进行输入，如电影、网络资源、图书馆书籍等，增加英语学习的趣味性，充分发挥学生的主观能动性。

（三）促进“项目导向教学法”中的有效输出，积极培养学生的职业能力

鼓励学生以创造性的方式展现项目成果，如英语演讲、英语报告、短剧、采访、辩论赛等，充分挖掘学生的创造潜能，培养学生的创新能力。同时，教师应既重视对合作成果的评价，又重视对合作过程的评价，帮助学生提高听说和交际能力，发挥创意，并增强团结协作。

第五章　新文科背景下译者能力培养探究

第一节　译者口译听辨能力培养探究

一、口译中的听辨与理解

（一）听辨理解的含义及两种模式

1.听辨理解的含义

口译中听的过程极其复杂。在听的同时，译员须要对原语信息进行分析判断，要快速理解原语信息，除了要掌握一定的语音、词汇、句法知识，还要掌握言外知识，诸如政治、经济、科技、文化、教育类的百科知识、情景知识、专题知识等。

听辨过程中，译员要在完成语音听辨的同时完成词语的意义理解、句子分析、语篇整合及理解，并考虑到上下文关系、语篇的逻辑性，话语的副语言信息和非语言信息等因素。与日常生活中的听力不同，口译工作中的听力是集理解、记忆、笔记、表述等一系列基本技术的活动。在整个听力过程中，译员首先必须高度集中注意力，以免漏掉某些重要信息。其次，要全面调动自己的思维，抓住语音信号的某种主干部分或重点部分，并注意细节，否则将出现言语理解的偏颇造成错译。译员还要注意在对原语言进行加工的同时充分调动自己头脑中储备的背景知识、百科知识等来对译语进行修饰、润色。

根据图式理论对信息的处理原则来看，译者作为认知的主体，他已有的知识图式对听力分析具有重要作用。当前接收到的言语信息与记忆中所储存的相关信息进行整合，才能最后理解整个语段的意思。

整个听力过程用一句话概括就是：译者把听到的单词、词组、句子、段落、语篇记住并迅速拆拼、组合成一个整体意思保存起来，最后用译语进行表达。

2.听辨理解的两种模式

根据图式理论的分析，听力理解分两种加工方式：自下而上的加工与自上而下的加工。“自下而上的加工”是指译员在听的同时对连续语流中的语音群进行语汇检查，进而进行意义加工，建立语段中的意义单位，并将这一过程纳入话语整体、语篇意义理解的轨道。自下而上加工的实质就是对语言编码进行解码，在此过程中，译员的首要工作就是词义检查。这一过程是具有分析性质的。

“自上而下的加工”则指译员启动原语主题、交际环境、语境等相关知识，以原语意义预测入手做辅助性语义检查并迅速对关键词语等进行理解加工，同时视情况需要对其做出译语处理，建立语段的“意义单位”，再将这一过程纳入理解轨道。

自下而上的理解是指译者从具体感知到的信息材料如语音、单词、句子以至语篇逐层上升，达到理解的阶段。自上而下的加工，其目的在于整理和判断。它特别强调调动原语主题、语境以及其他“知识库”（图式）信息等相关信息，以产生一定方向的心理期待或假设，从而完成对言语信息的预测。在听辨理解实际操作中，以上两种理解方式往往交互使用。

（二）口译的理解过程

理解就是对意义的获取。口译的理解过程是综合分析的过程，也可以称为口译的思维理解。口译的理解过程被划分为“语段的初加工理解”和“思维理解”两部分。

1.语段的初加工理解

语段的初加工理解指对短句、复句等构成的具有一定段落性完整意义的“语段”进行的理解，即“意义单位”的建立。这一阶段，人脑会根据听辨到的语音提示，在语言记忆网络中以该记忆库中对语义的提示性信息为查检“路标”，在一定的大脑区域内搜索与这一语音对应的语义信息，表现为一种类似于生物化学解码的解译。这一解码过程以“语言+语言外信息”为参考值。正是在这一阶段，译员遗忘了绝大多数听到的语言声学符号，保留一部分涉及原语信息要点和关键词语的声学符号。

从某种意义上说，就是该阶段完成后，译员脑中已不存在或几乎不存在原语句法等信息，但可保留原语中对译语有用的各种内在意义或部分原语关键词语。而那些“滤掉”的语言形式也有可能仍旧存留在头脑里，只是被压制到了潜意识区，在一定条件下，译员调动这些信息也会给自己带来“灵感”。

在语段初加工阶段，整个过程并非一如电脑那样，采用简单的、逐一扫描的方式来完成对所有查询目标的摄取，而是一种多头绪、全方位的搜寻过程。在这一过程中，听辨的复杂性还在于，译员实际上在语义检查的搜寻过程中便同时进行语义加工了，这意味着译员对原语意义检查过程的同时也是寻找翻译方式的过程。

在搜寻语义的过程中，有一些很难传译的、反映着双语文化和社会背景的语言结构。根据图式理论，如果在头脑中存在关于这类语言结构较为固定的传译方式，便能在语段初加工阶段进行预先加工处理，可以在即时条件下快速传译。有些语言形式即便用“解释性”的传译方式也是较难转达原语的内在信息的，如成语等社会文化信息独特的某些语言形式，因此预先进行一些准备，也不失为一种有效的方法，但一定要考虑话语的语言环境，切忌“死译”。

在口译工作中，有些人在潜意识状态下会有一定的发散思维，从而与一般人相比总有更多一些的译语灵感。在长期的口译实践中，这些译员可能在平时工作中出于经验较多、语言素材多等原因，卓有成效地积累了很多在特定场合应用效果较好的翻译“素材”。平时在多数场合可能这些信息都用不到，因而被大脑皮层抑制住，被译员“遗忘”在潜意识区里。当具备一定的口译现场条件时，这些有译语“灵感”潜力的译员在工作压力下具有强烈的译语搜寻需求时，他们的大脑便会在即席交际环境下同时启动多条搜寻线索，使自己存有语言素材与处理方式的潜意识区活跃起来，从而能进行译语的可行性处理。在此阶段，译员还经常综合自己所掌握的各种相关知识修正语义，并排除语言的歧义。

语义的理解必然牵扯到语言，没有娴熟的语言功底，便没法从事翻译工作。而归根结底，语言不过是原语话语者所要表达信息的第二载体，而话语者所要表达的概念、意念、想象、情感等信息才是第一载体。因而，加工语言说到底还是在加工信息。把握住原语语言载体下所表达的内在信息，便能准确理解原语，更好地传辞达意。可见，一定的积累、优秀的语言潜能、灵活的思维素质等都是译语“灵感”的源泉。

2.口译的思维理解

人类语言交际有两个相互联系的过程，一个是言语生成过程；一个是言语理解过程。言语生成是为了表达思想，传递信息；言语理解是为了理解思想，从而达到交流思想和信息的目的。

言语理解需要必要的感知环境和心理条件：言语的交际环境、交际主体、认知环境等。比如，当你听到“他不是我的菜”这句话时，首先辨识的是“菜”，不是吃饭的那个菜，不是做饭用的材料，而是指这个人和你的磁场不对，两个人不合适。当你听到“凉不凉?”这个短语时，如果在餐桌上，提问者想知道的可能是饭菜是否凉了，如果在客厅，也可能说室内气温有点低要不要关窗，或者在洗澡时，想知道浴缸里的水是否冷热合适。而对于连贯性的语言，一定要记住言语的关键成分，这样才能领会后面话语的含义。同时还要在理解中根据交际主题，不断回忆语段的信息核心，不断复核以免出现误差。

与语段的初加工阶段不同，口译的思维理解几乎完全是译员在原始话语与整体语篇层次上的理解操作过程。人类语言不是词汇行囊，可以在需要时一个一个拣出来，而是完整的语言系统。口译的听辨听的是连续性的、正常交际语流速度的语言链，或是带有严重口音或个性特点的语音群，加上临场的强大心理压力，译员没有时间对语音反复检查、辨识，只能根据头脑中的“图式”知识进行自动化的信息弥补，虽然语言链会出现某种程度的间断，但并不影响整体信息的表达。此时，译员已有的“图式”知识是理解讲话者言语的基础，最初的讲话是后面讲话进行语段加工的基础，然后逐步深化，形成整体语篇意义。

综上所述，思维理解整个过程可以表现为：①提炼原语内容信息关键点，储存少量原语词汇，建立语义单位和语义群；②感知原语意象；③认知原语的潜在信息和情感信息；④把握原语的逻辑思维；⑤感知副语言信息和语言外信息。

二、译者口译听辨能力培养的策略

近年来，随着经济全球化与区域一体化的高速发展，国际互动空前频繁，相互依赖不断加深。频繁的对外交流为我国口译行业的发展提供了前所未有的机遇。社会迫切需要大批宽口径、高层次、复合型、专业化的口译人才。

口译的教学实践和研究在国内也受到越来越多的关注。在过去，传统外语教学把口译作为提高外语水平的一个途径，而并非以培养职业化能力为目标的教学。如今，国内学者和广大口译教师对口译教学的理念、原则、内容、方法等开展了大量探索，逐渐厘清观念，接受将口译视为一种以培养具备必要双语或多语水平的学生从事口译工作的职业化能力为目的的行为。

口译中的语音听辨是学生接触口译后遇到的一大难题。学生在传统英语学习和应试中习惯了“播音员式”的标准语音，接触到口译真实语境下“五花八门”的口音后，一下子觉得从真空环境抽出来，降落到了真实的语音环境，难以适应。笔者将通过分析口译中的听辨特点，结合口译活动特点，探讨一些适合进行口音听辨训练的方法。

（一）口译听辨的特点

口译是翻译的支流。口译不仅译文，更多是译话或传话。话是人讲的，讲话的人不是关门自语，他是与人交流。因此口译活动和口译教学中必须考虑到口译参与者的因素。传统的听力训练材料一般具有明确的训练目的，更多强调英语语音的标准性，因而信息清晰，杂音干扰少，基本没有除了美音和英音以外的变体存在。然而译员所处的信息环境更为复杂，影响口译人员听辨理解的因素有多种，比如语篇类型、话语特征、语速语音、专业词汇、韵律语调、个人讲话习惯，甚至包括一些口误等。

其中，讲话人所具有的外来口音是造成口译人员听辨理解困难的主要原因。现场工作中，很多时候讲话者的英文带有浓重的地方或个人口音，如果平时练习只针对标准英文发音，在实际工作中遇到“非标准”英语时就会因准备不足而影响口译任务的完成。口译教学也需要认识到加强各种语音听辨能力训练的必要性，在训练实践中接受客观口译环境语音不理想的现实，从心理上摒除对于“非标准英语”，甚至是“非标准母语”的偏见，从实践能力和心理建设上完善作为口译员的职业素质。

（二）听辨能力在口译教学中的重要地位

一般来说，口译的交际过程包括原文理解和目的语表达两个步骤。对原语的理解是译员在口译过程中迈出的第一步，也是至关重要的一步。成功的口译首先取决于能否快速准确地获取原语讲话的信息。

换言之，听辨能力在口译教学中具有举足轻重的地位。首先，口译教学中的听辨能力包括对原语信息的录入，即听懂原语所承载的信息，正所谓“巧妇难为无米之炊”，倘若学生听辨能力出现障碍，那么第二步骤目的语的表达就无从谈起。由此可见，在口译教学中，听辨是表达的基础。其次，口译中的听辨能力有利于学生对录入的信息进行有机梳理，建立起其中的逻辑关系，否则，学生在目的语输出的过程中往往会出现信息组织凌乱、语言表达不连贯等现象，严重影响口译的质量。最后，口译中的听辨能力的培养能帮助学生对信息进行加工，从而不拘泥于原语的遣词造句，为信息的输出做好准备。由此可见，听辨能力是口译能否顺利完成的先决条件。在口译教学中，教师应重视学生听辨能力的培养，它是译员必须掌握的基本技能之一，直接影响着目的语的输出质量。

（三）语音听辨的课堂教学

口译是一项技能性很强的语言交际活动，因而口译教学具有很强的交际性和实践性，只有通过精讲勤练才能奏效。口译教学具有很强的时代性，口译教学应该能反映当前的社会生活，应该是社会发展的记录。在真实的口译环境中，讲话者的风格、演讲水平等都因人而异。有的人出口成章，有的人表达能力欠佳，措辞造句都略显粗糙，有的人讲话幽默风趣，有的人则严肃拘谨。所以学生在平时的练习中接触的风格越多，口译实践中适应性则越强。我们在教授口译课程时，就应该根据口译交际活动的特性，尽可能地创造环境，让学生体验真实口译交际中的语言特点，利用理想的口译交际环境和背景的特点进行教学，缩小口译教学与口译交际性实践的差距。

1.母语听辨练习

口译的课堂练习材料可以按照难度由浅入深，方向由中文译成英文开始，随后再转向英语译入中文的原则循序渐进。口译是双向的、共时的语言交际，因此口译中语言训练应该包括两种共同语言，母语表达的提高也不容忽视，教师应该注意纠正学生只重视外语学习的不良习惯，加强学生对母语的各种语体、专业词汇甚至是各种口音的训练。

每个人的讲话风格都不一样，不妨以上口译课的班级学生为模板，他们来自全国各地，语音五花八门，本身就是很好的素材。在课上可以指定一些学生发言，这一来可以增强发言学生的演讲能力，二来给口译的同学也提供了鲜活的真实的练习素材。这种学生互动的课堂模式更有利于学生掌握知识技巧，正如维果斯基（Vygotsky）所强调的社会互动先于知识和能力的发展。任何不包含互动的学习活动都不能有效地获取知识和增强能力。学生的这种模拟演讲和模拟译员便是一种社会互动行为。

围绕这样的模式展开的课堂练习，与实际口译场景的相似度更高，因此遇到的问题也更具实践意义和代表意义。例如，笔者在一次课上，请一位学生照着要点即兴讲了一个故事，故事中提到了一个人物叫“艾子”，因为口音的关系，几乎所有的学生都听成了“矮子”，随后译成了“A dwarf”。由此可见，口音因素给译者带来障碍，并且这种因素即便在母语听力中也依然存在。教学的下一步内容随即也可以围绕着遇到此种情况的应对措施展开。

2.第二语言听辨练习

英文的口音听辨训练可以先从标准语音开始。相似的内容，标准口音材料练习过后，再开始加入口音的因素。这种控制变量的练习方法在训练初期非常重要，把口译中其他变量因素尽可能控制，如材料的陌生程度、语篇的难度、语速的快慢等，使得口音因素成为练习材料中的最大变量。这既可以突出口音训练的重点，也使得整个练习材料的难度得以控制。任何难度不加筛选的练习材料，效果都是堪忧的。练习材料口音的变化可以遵循英语发音变体的等级，首先从英语发音两大分类入手。对于母语为英语的国家，如美国、英国、澳大利亚、新西兰、加拿大等，根据“r”的发音特点，可以将其大致分为rhotic儿化音发音和non-rhotic非儿化音发音两大类，第一阶段的口音练习材料可以着重在这两类。在分析英语两大类语音发音特点的同时，辅以新鲜的现场录音材料，给学生一个更逼真更紧跟时代的课堂口音呈现。随后可以开始口音第二阶段的练习，主要覆盖范围为英语为官方语言的国家，如新加坡、马来西亚、印度等。因为受本国母语的影响，这些国家的人虽然英语流利，但是英语发音都不可避免地带上了母语的发音特色或者语法特色。比如印度英语辅音b，p，t，d等的混淆发音，新加坡英语的语音语法特色融合了普通话、闽南语和马来语，教师都应该尽可能搜集语音片段材料，在课堂和学生一起分析并进行练习，让学生了解对话歧义是如何产生的。第三阶段的练习主要关注英语为第二外语的国家，比如中国、韩国、日本等这些国家的发音特点。在这些国家，英语既不是母语也不是官方语言，所以无论是遣词造句还是语音语调，干扰的因素都更多，给译者带来的听辨障碍也更大，难度也最大。通过这三个阶段的逐步递进，学生将对标准英语发音之外的几大发音变体有一个较为完整的理解，进一步认识到听懂英语的重要性。如果课堂上能经历这样一番练习，学生们走入社会在现实口译中碰到有口音的演讲者，也会有备无患。

英语在全世界被广泛应用，深受世界各国的社会、文化、语言特色影响的各种英语变体应运而生。因此实际应用中的各种英语变体在国际交流中产生的作用不容小觑，远远超过标准英语或者学生熟悉的标准发音所能涵盖的范围。认识到英语变体的特点对于在中英两种语言中斡旋的译员来讲意义重大。如果学生对于英语变体的听辨能力有自身局限，则不可避免会影响语言信息的接收准确度，最终影响口译质量。因此从我们的口译教学课堂中，就应该关注对各种语音的听辨训练，让学生在心理上和实践中都可以从容地应对语音的听辨。

（四）口译教学中听力技能的培养策略

根据上述在口译教学中学生听辨能力出现的问题剖析，不难看出，提高学生口译听力技能是一项刻不容缓的任务，它是口译成功的先决条件。故而，结合口译教学实践，从以下几个方面来阐述口译教学中听力技能的培养策略。

1.扩充专业词汇，培养学生跨文化交际意识

毋庸置疑，词汇是一切语言的基础。倘若缺少了词汇量这一支撑，学生即便是在听的过程中能够识别出发出的声音，但却很难将它与所代表的词汇联系起来，也就无法得知词汇所代表的内涵和意义。因而口译教学当务之急是扩充学生的词汇量，尤其是专业词汇。结合口译教学，可根据口译教材各个单元的练习材料，补充围绕相关主题的一些专业词汇及术语，如环保、经济学、体育等各个领

域都要有所涉及。

发言人在讲话时往往喜欢引经据典以增强演说的效果。假使学生未能积累丰富的语言材料（词组、短语、句子），就很可能会出现根本听不懂的尴尬场面。教师在教学过程中适当补充习语的翻译对学生而言是大有裨益的。

2.强化影子跟读训练

影子跟读又称目的语或源语复述练习，它是一种节奏均匀的发声跟踪任务，要求练习者对以声音形式呈现的刺激信号即时发声。换言之，教师在教学中运用影子跟读训练时，需要学生做到注意力高度集中，边听边说，几乎与录音中发言人的说话同步。影子跟读训练并不是让学生简单机械地重复，而是一个训练学生有意识地输入输出信息的过程，其中涉及语音、词汇、句法、语用等各个层面，需要耳听、嘴说、脑记三者有机结合起来共同协作完成。教师可通过影子跟读训练，使学生学习标准的发音，掌握连读、弱读、爆破、同化等发音现象，感知重音、节奏、语调、停顿等超音段特征，这是一条提高学生口译听辨能力的有效途径。

3.借助认知语境，克服口音干扰

由于文化的差异性、所处地域的不同等因素，导致发音方式与发音习惯也随之不同，因而形成了口音上的变异，这给学生在口译时带来不小的障碍，甚至会严重影响其听力理解。教师可指导学生借助认知语境，仔细分析。借助认知语境，可以极大地帮助学生克服口音的干扰，从而提高口译的质量。

4.强调意群，培养语篇分析意识

在口译过程中,使用的听力技巧被称为“专注听力”。这种技巧的实质是“借助认知知识和主题知识对语言进行阐释和解释，实际上是在进行逻辑推理和分析，这种推理和分析绝对不是对语言的简单辨识，而是了解语言承载的信息意义”。它仅仅局限于对原语所承载的信息的录入，而更关键的是要对录入的信息进行有机的梳理、加工，建立起其中的逻辑关系，为信息的输出奠定基础。第一，应关注意群的构建。就口译而言，意群应具备以下三个特征：相对独立的意义概念，在触目可及的操作范围之内，能够通过连接语较灵活地与前后的口译单位结合。换句话说，教师要尽可能地培养学生做到一边接受源语，一边通过大脑思维加工，捕捉源语所传递的中心思想和话语的整体结构，从而在听辨的过程中，理清思路，理顺句意。第二，还应结合语篇分析。教师可向学生详细介绍各种语篇类型及特点，使学生建立起语篇分析的意识。以论述类讲话为例，“论述类讲话由若干部分组成，每一部分可能又由几个部分构成，论点和论据、顺序和逻辑关系、结论等都应该是听和记忆的重点”。学生具有了语篇分析的意识之后，当学生听到论述类讲话时，便可以根据该语篇的上述特点，有针对性、有目的性地录入语言所承载的信息意义，追寻说话人的思路，从而提高听取信息的效率和准确率。

5.树立学生的自信心，讲授应变技巧

良好的心理素质能够进一步帮助学生扫除口译听力理解的障碍。口译时常与压力相伴，懂得如何缓解压力，控制紧张情绪，才能做到事半功倍。

首先，要帮助学生树立自信心。根据学生平时学习的实际情况，分阶段地朝既定目标靠拢，切记不可一蹴而就，应由浅入深地引导学生取得一个个阶段性的成绩，让学生在口译学习中充分体会到成功的喜悦，自信心也会随之悄然建立起来。在教学过程中，不难发现有些学生性格内向、害羞、不善言辞，因此怯场就无形之中成为他们在口译道路上听辨能力提高的拦路虎。针对这种情况，教师可为其提供锻炼的机会，使其逐渐变得从容镇定，胸有成竹。比如，在课堂上组织学生进行即兴演讲，正所谓“一名优秀的译员必须同时是一位杰出的演讲者”。学生通过演讲，使自己处于大庭广众之下，逐渐做到不害羞、不胆怯，临场不慌乱。

其次，口译具有现场性强的特点。在口译过程中，学生很容易因为讲话人的语速太快或信息过于密集而没听清楚一个单词或一句话。遇到这种突发状况，最重要的是保持清醒的头脑，抑制紧张的情绪。在授课过程中，教师可向学生灌输这样一种意识：口译的核心并不是寻求字词和句法的一一对应，而强调的是信息的传达，因而不要因为一些细枝末节而让口译无法进行下去。单个的词或短语没有听懂，并不一定会影响对整体信息的把握，告知学生可以从上下文的语境中推测出关键信息，也可以根据具体情况采取省略。同时，教师还可以向学生介绍模糊处理的方法，如重复法、近似法、解释法及概括法等。语言的模糊性源自人类思维和认知的不确定性，包括人们认知的局限性，语言环境的变化，以及口语本

身的随机性和松散性。模糊处理法集灵活、概括等特点于一身，是非常重要的一项口译应变技巧，可以缓解精力分配负担，使学生能够继续集中精力，认真听下去，从而不影响后续信息的采集。

最后，教师可引导学生增加积极的心理暗示，坚信“书山有路勤为径”，只要刻苦努力，方法得当，就能迎风破浪，驶向口译成功的彼岸。若是临场紧张，便可以为自己打气，相信自己能够按照平常训练时掌握的方法、应变的技巧和积累的经验来应对各种可能出现的挑战。只有临场时镇定自若，才能全神贯注地聆听和辨识源语。

综上所述，口译的听辨能力不仅仅局限于获取语言层面的东西，更重要的是在听的过程中对信息进行加工，建立起其中的逻辑关系，为语言的输出做好准备。在口译教学中，不仅要注重提高学生的语言听辨技能，培养其跨文化交际意识，还要培养学生语篇分析的意识，帮助学生树立自信心，克服口译听辨中的紧张情绪，从而使其不断提高口译听力技能。

第二节　译者笔译能力培养探究

一、笔译能力培养的原则

随着语言学、心理学等学科的研究发展，人们对语言功能的认识和运用已经大大加深，笔译在翻译领域里也在不断地壮大。

（一）笔译能力的定义

对于笔译能力的定义，不同的学者一直持有不同的观点，而笔译能力是综合能力的体现，综合语言水平越高则笔译能力越强。因此笔译对于译者有着相当高并近乎苛刻的要求，译者在进行翻译之前，必须对需要翻译的资料来源语（source language）和目的语（target language）进行了解,这样才能较好地完成英语翻译的工作。笔译能力的定义之一是：笔译能力是指译者在翻译的过程中解决各种问题时所依赖的语言资源。对此很多语言学家都提出了自己的观点，但是不可否认，在翻译领域，人们对翻译的特定情境越来越重视。针对所谓的翻译能力有这样一种说法，在掌握了两种语言的基础上，并对两门语言所处的社会背景、文化条件等有着深刻的理解下，才能更好地完成对外来的知识进行笔译的实践。但是仅仅了解语法等基础知识并不一定能够做好翻译工作。译文的首要任务，应该是忠实于原文，想要做到这一点就须要对原文有一定的理解和评判，而且对原文所要表达的内容和意义准确掌握也是对译者的基本要求之一。与此同时，对不同的翻译对象的语言习惯、文化背景特点、社会人文特点等都要熟悉，只有充分掌握了目标语的特点才能真正地理解文本，顺利完成任务。

笔译能力自身也具有多元性，它既体现了翻译活动及其能力因素的复杂程度，也体现了其与交际活动截然不同的特性。当代的姜秋霞、权晓辉等认为，语言能力、文化能力、审美能力和转换能力是翻译能力中必不可少的四项内容。翻译能力在刘太庆手中又被分解为五个方面。不同学者的思想归结起来提炼出：笔译能力由最开始的双语能力，逐步发展成交际方面的能力，最终发展到现在原有的认知基础上被大家认可为包含多元化能力的一种构成。这要求学者们用运动的眼光去看待笔译理论的定义。笔译理论的定义自然不会一成不变，相信在学者们的不断研究下，对笔译的认识将更深刻、更透彻。

（二）笔译能力培养的基本原则

1.学生主动性原则

在 20 世纪初，最早对社会建构主义学习方式进行研究的心理学家皮亚杰认为，学习的前提是学习者对原有的知识与新接收的知识出现了非平衡状况，是双向互动的结果，当非平衡状况通过交互作用以同化的过程方式进行研究时就是学习，而当原有的认知被构建了新的内容时就产生了学习结果。维果斯基则认为，在人类社会的发展中，个体发展会受到社会性活动的影响，而人们自己创造的工具作为一种媒介，则对个体知识建构起着至关重要的作用。建构主义的“学与教”理论的基础包括皮亚杰的个人建构主义、维果斯基的社会建构主义和最近发展区理论等三个理论。

学习不是对信息的简单复制，而是对信息进行主动了解，通过对知识的消化和吸收进行知识的建构。建构主义普遍认为，知识是不能通过教师的简单传递而获得的，是学习者在特定的条件下，借助在学习活动中教师和同学的帮助，利用学习资料，最终对所得知识进行意义建构而形成的。所以说，在建构主义的学习中“意义建构”就是整个学习过程的最终目的。建构指的是学习者对新旧知识的反复研究，最后把获得的知识建构成为自己的经验。这种建构过程，一方面需要学习者把原有的自身的知识经验作为基础，并超越原有信息本身进行建构；另一方面，需要学习中对原有的知识经验进行深度的研究和了解，需要学习中依据新经验对原有经验做出相应合理的调整，要做到同化和顺应的统一。在学习过程中，建构意义就是指学生对所学内容达到较深刻的理解，对其中反映的事物性质、规律及与其他事物之间的联系深入研究，最终总结出自己的认知结构。

建构主义普遍认为，学习者须要对外部信息主动地探求和加工，不是像行为主义所描述的简单的S-R的过程。在这种学习理论的指导下，加之网络的出现带来了史无前例的巨大信息资源，这些丰富信息资源极大地开阔了学生的眼界，拓展了学生的学习空间。通过网络，学生可以随意地进行自主性学习，无须考虑国界等问题。以英语学习为例，通过互联网，学习者可以观看英语相关的节目视频，甚至可以和外国人直接进行交流。英语教师可以正确地引导学生使用互联网提高外语的学习效率等。例如，通过网络观看英语教学网页，参与电子论坛以及订阅电子杂志，都对英语学习者在自主学习方面有很大的帮助。

建构主义学习理论坚持认为，学习者通过自己的认知和理解对事物进行建构，因此唯一的理解标准是不存在的，不同的人从不同的视角去理解同一事物，每个人通过自己的理解方式所得到的结论也是各不相同的。受到这个前提的影响，在学习的过程中学生与老师、学生与学生之间都要加强合作。建构主义者对合作学习的方法十分重视。通过学生与学生以及学生与老师之间的社会交往，有助于他们丰富自己的知识和观点，促进他们在面对新知识的时候形成假设，同时对此进行检测。研究表明，合作的学习方法可以提高学习者的学习机会。当合作环境能得到正确利用时，就能对学生的学习起到鼓励的作用，甚至可以促进学生持久地学习，最终形成知识建构。

2.实践性学习原则

学习总是在一定的社会文化背景下进行的，也就是说学习与“情境”相互联系。因此情境教学，可以利用较为直观的形象激发学习者的联想，唤醒他们记忆中与当下情景相关的经验记忆，从而促使学习者利用原有的知识经验去容纳接收新的知识，并给予新知识某种特殊的意义；一旦自身原有的知识经验与新知识发生冲突，就会引起学习者对原有的认知结构进行重组。简单来说，同化和顺应是对新知识进行意义建构的两种最有效的方法。同时，同化与顺应是以原有认知结构为基础进行的，情境创设教学方法对原有知识的调动创造了条件。教师在课堂教学中引入一些真实的与课堂相关的日常活动和实践，有助于学生对他们所学的知识进行实践，也有利于他们对自己所学的知识进行深入理解。

在英语翻译的课堂中，想要学生接触到相对真实的语境，角色扮演是其中比较好的方法之一，有利于学生进行实际操练。例如，对有关求职的工作对话进行讲解时，教师可利用事先预设的问题让学生对求职面试的程序进行初步了解，也可以创设几个具体的场景，让学生体验面试不同职位的过程。把学生分为几个人一小组，让他们任意选择职位并准备，自己进行相关问题的设定，然后在课堂上为他们提供场景表演，其他组的同学对其设计是否合理、表演语言是否准确进行评判，对于表现优异的地方可以相互之间进行学习借鉴。最后给学生安排与课本阅读相关的教学内容，根据提示来做题目，这样的学习方式有利于集中他们的注意力，同时也有利于提高他们的理解能力。学生在这样的模拟情境中与他人进行互动，对于建构新的语言能力十分有益，其效果也更加理想。

3.合作性学习原则

教学过程中的教师和学生是一种合作的关系。建构主义学习理论认为，人通常都以自己的知识经验对事物进行建构，所以会得到对事物的不同方面的理解。在教学活动中的师生有着不同的经历，受到过不同的文化教育，因此师生在面对相同事物的时候得到的建构是不同的。在师生间的交流合作中，学生既可以对自己建构的事物有所掌握，同时对他人的看法也会有所了解，使其对事物的理解更全面，同时对自己建构的能力也有帮助。教师也可以通过学生的建构，对自己的教学内容进行反思，不断地完善教学方式。教学不单单是教授的过程，更多的是师生之间合作的过程，在众多的教育思想中合作学习受到了建构主义者的重视。

20 世纪 80—90 年代，我国的学者也开始对合作学习进行研究，取得理想的效果。在《国务院关于基础教育改革与发展的决定》中也专门有提及合作学习的部分，可见国家决策部门也十分注重合作学习。但是这个在我国还尚属新鲜事物的合作学习，在国外已有十多年的发展历史。而合作学习在我国将会有怎样的发展呢?关键在于我们能否有效合理地实施这一教学过程，准确地把握其基本内涵和精神实质。可以说建构主义让教育发生了变革，这些变革都是以人为基础进行的，整个教学过程主要是师生之间、学生之间相互的交流与合作。

教学过程体现了学习环境的重要性。在建构主义者眼中，学习环境是学习者进行学习活动的场所，是学习者可以进行自主学习，可以充分地利用各种资源信息的场所，其最终目标是完成自己的学习目标。教师须要为学生创设较为真实的教学场景，要尽最大努力为学生提供良好的教学环境，并促使小组的成员通过相互协作和相互交流探讨的方式完成教学内容。教师在知识传递的工程中不再是搬运工的角色，而是学生学习知识的引导者、推动者。为了使学生能够更加深刻地理解教学内容，教师要积极地引导学生进行小组合作，要组织好小组之间学生的合作和交流，给学生建构良好的教学环境，通过教学手段促使学生形成交流合作的意识。通过这样的教学方式，学生所掌握的知识不只是自己对于知识的片面理解，还包括教师和同学对此的不同看法，让学生对知识的理解和掌握更加全面。

在课堂上的师生中，教师并不是无所不知，而学生也并不是一无所知。因为日常的生活已经带给他们很多经验，他们对很多事物都有自己固有的看法。对于从未接触过的新鲜事物，他们也会利用已有的知识经验对其进行解释。对于学生这些已有的经验，教师须要做的就是把他们已有的知识作为他们新知识产生的出发点，对他们进行正确引导和帮助。为了学生能够掌握建构主义的学习方法，教师需要为学生提供激发学习的动力，作为学习者进行学习的支架，成为学生建构知识的基础。在教学过程中教师要利用节点，帮助学生借助这一支架进行自主学习，引导对所学知识进行更为深刻的探讨。

二、译者笔译能力培养的策略

（一）转变培养机制

社会建构主义的教学观的形成自然离不开对传统教学观的批判性的继承。传统的教学观并没有充分发挥出学生的主动性和创新性，课堂教学主要由教师讲授的形式为主，教学的特征也是以老师、文本、课堂为中心，而不是学习者。

在以老师为中心传递书本知识的这种模式下，知识的意义很难得到充分的传递。此时课堂的中心也并不是学生，并且教师主宰着课堂的节奏，学生上课时所学习的知识也是一些来自书本上的理论，因此直接传授这个手段并不能使知识得到有效的传递。社会建构主义理论针对传统教学提出了一系列的改进措施。

首先，应该转变课堂学习中的模式，突出学习者的主体性。在社会建构主义理论的观点看来，知识的学习不是被动摄取，而是主动吸收。在社会建构主义的教学观的指导下，强调学生的主动性。学生的自主能力可以为学生的创造性的发挥提供基础，从而能够使学生在课堂上更好地参与和互动。与此不同的是，传统的翻译课堂并没有充分调动学生的主动性，课堂的主要活动都依赖于教师，课堂教学的好坏也依赖于老师准备的充分程度。在这种模式下，课堂大多数的时间都分给了老师，学生能练习的时间非常少。在这样的课堂教学模式下，学生们兴趣不高，走神、玩手机的现象也时常发生。而且学生发言的机会也非常少，互动性差，在这种被动式的学习下记笔记成为课堂的主要环节。

根据社会建构主义理论的观点，课堂教学是以学生为中心的，这样能够让学生得到更多的锻炼，也能对学习内容有更深刻的理解。只有真正以学生为中心的课堂，才能够调动学生的创造力，使他们对课堂内容充满积极性。将学生放在中心位置，给予其充分的思考和分析理解的时间，其创造力才能充分地发挥出来。

教学培养的是学生独自在相关领域内处理问题的能力，强调的是学生自主建构的能力，而不是单纯地要求学生接收，这不是课堂教学的意义所在。

其次，社会建构主义的理论强调学生和教师之间的协作和互动。在课堂学习中，学生和老师之间是一个互动交流的过程。每个人对相同的事物都有不同的理解，社会建构主义理论鼓励每一个学习者用自己的方式，有自己的视角和诠释。不难理解，教师和学生之间存在着许多差异。在年龄、阅历、生活背景、知识储备等方面的不同造成了师生在面对同一个事物或者说文本的时候很难有相同的理解，教师和学生之间的协作和交流就变得至关重要。因为，通过师生间的协作和互动，学生可以更加全面而深刻地去理解一个文本，也能找出自己理解上的不足，从而来提升自己的能力和进行自主建构。从教师的角度看，教师应关心学生的构建过程，了解学生的思维方式，才能更好地把握自己的课堂主线和课堂内容，才能实现教学相长。教学并不是老师的满堂灌，而是教师和学生间的一个互动交流的过程，这一直是建构主义者所强调和倡导的。在我国，对教育机制转变的研究自20世纪80年代就已经开始，同时我国学者也进行了相关的实证研究，为接下来的研究做出了卓越的贡献。不容忽视的是，国外对教育机制转变的研究先于中国，我们应加紧研究步伐并吸取国外的先进经验，鼓励学生的自主创造力。不可否认，社会建构主义为翻译教学注入了新鲜的血液，但能否真正有效地将理论和实践相结合，还需要研究者们把握住社会建构主义的精髓，鼓励课堂的交流、合作与沟通，加强师生以及生生间的合作。

最后，学习的氛围也是教学的重要组成部分。学习氛围也是社会建构主义强调的因素之一，学习者在合适的氛围内能进行高效的自主学习。学习氛围是学习者可以利用的场所，学习者可以在其中完成自己的计划。在笔译的课堂教学当中，教师应尽最大努力创造恰当的学习氛围，将课堂效果最大化。而且，学生在笔译课堂的学习不再是孤立的，而是在与老师、同学的协作下共同进行的。

教师不应忽视学生的某些经验，学生会基于自己的经验对某些文本形成特定的认知，形成自己的看法，这也是他们分析其他事物所调用的自身的经验来源。所以说，教师应利用学生过往的经验并将其应用到新知识的获取过程中，这对学生知识框架的构建具有重要意义。在此过程中，还应激发学生的学习热情和动机，真正做到因材施教，因地制宜。

（二）激发译者兴趣与潜力

在社会建构主义教学方法指导下，课堂教学设计的内容和形式都以译者为中心，从而充分地让译者在学习过程中发挥其主动性，融入整个过程。与此同时，教师应多关注学习者的生活及社会热点，多选择译者感兴趣的话题。这么做有助于让译者感受到自我价值的实现，并激发出对笔译的热情，使学习者实现其自主建构的过程，最终满足每个学习者自身的需要。以兴趣为前提的学习才是真正快乐的。在笔译课堂教学当中，教师应调动学生的学习兴趣，将教学效果最大化。现在很多高校都配备了多媒体设施和无线局域网，但很多学校并没有将其充分地利用起来。应该将多媒体的作用发挥到最大化，结合时下的热点，与时俱进，从而唤起学生对知识的渴望。多媒体设备可以很好地营造课堂气氛，使学生有身临其境的感觉，并能有效抓住其注意力。充分运用投影、视频、音频等既可以让学生的心灵得到放松，又可以在快乐中学习。将课堂内容丰富化、生动化是研究者们需要探讨的课题之一，教师们也要有一个宏观的把握。然而，多媒体的运用也要恰当和适度。比如通过对老掉牙的知识汇总而做成的课件通过多媒体来进行播放，这并不是我们所鼓励的。

除课堂环境之外，校园英语环境也具有重要意义。校园的笔译英语社团、校园广播以及校园晨读社等都为学生提供了提升能力的场所，可以有效地促进生生之间的交流，也可让学生的知识得到应用。与此同时，应多增加一些外教课，让学生可以真切地与外国人交流，了解外国的风土人情等都有利于提升学生的兴趣。学校的图书馆应丰富外国书刊的种类并及时更新，别让图书形同虚设，许多学校的书刊过于陈旧，并不能真的为学生所利用。学校也应设立免费的电子阅览室，让学生在宿舍中就可以获得图书资源，学生获取相关图书的困难性也一定程度上打消了学生的积极性。在课堂中，配备基础设施是必不可少的，现代的高校也几乎已经普及，但应充分地将其利用起来。有线电视可以播放COA或者美国电台新闻及脱口秀等，其他教学软件可应用其对学生进行训练和考核。在老师、同学以及学校的共同努力之下，学生们每天耳濡目染，在潜移默化中，水平不知不觉就会提高。英语社团的活动应积极鼓励外教参加，尽可能多地增加学生与外语使用者的互动交流。学校也应多邀请相关领域的名师或专家来进行指导和开展讲座，让学生开阔眼界以及了解相关领域的近况及权威分析。

最后，英语类相关的竞赛也是有效的途径之一。英语诗歌朗诵比赛、校园英语歌曲大赛等都会激起学生的热情，也增加了学生的实践能力。真实的环境相比于模拟的环境而言具有更大的作用。这些都对培养笔译者的能力具有重要作用。

（三）知识获取的自主性

对知识的获取是笔译者自主构建的过程。如被动地接受知识，学习者仅是被动地对外界的刺激进行反应，并经过教师的强化最后形成机械的知识，并不能将知识运用到最大化，也不符合我国现阶段对翻译人才的要求。社会建构主义的理论认为，对知识的学习应取决于学习者自主的建构，教师可以扮演敦促者的角色，但绝不能迫使学生被迫学习，被迫接受。学生获取学习资源的途径已经不仅仅局限于课堂，互联网这个巨大的资源库已经为学习者提供了更多的途径。学生甚至可以通过互联网直接与外国人进行面谈，极大地突破了国界的束缚。大量的搜索引擎虽然并不能完全解决学生在学习中遇到的困难，但也为学生提供了解决问题的有效途径。

客观环境对学生的自主性同样具有重要作用。社会建构主义的理论认为，学习与环境是息息相关的。例如，通过多媒体设备营造接近真实的环境远比传统的讲授更具有生动性及直观性。学生的自主性不是被老师要求的，应联系学生以往的知识框架有针对性地培养，也就是对旧知识的同化，使其与新知识相同化，相顺应。

教师应在课堂中模拟生活中的真实情境，采用贴近生活的语料文本，进行情境的预设。鼓励学生投入相应的社会实践去丰富自己的知识结构，并切身感受到翻译能力的重要性对培养学生的自主能力具有重要作用。只有真正自主学习，学生才能感受到其中的乐趣，自主学习和教师对学生兴趣的培养也是紧密相关的。

第六章　翻译教学改革与跨文化交际能力培养

第一节　文化差异对翻译教学的影响

翻译不仅是一种语言间的转换活动，更是一种文化之间的信息交流活动。从某种程度上来看，译者对英汉文化差异的正确解读对翻译的成败起着至关重要的作用。概括来说，文化差异对翻译的影响主要体现为以下两个方面。

一、文化误译

文化误译是由文化误读引起的，是指在本土文化的影响下，习惯性地按自己熟悉的文化来理解其他文化。文化误译是中国学生在英汉翻译中经常出现的问题，如以下句子。

It was a Friday morning，the landlady was cleaning the stairs.

误译：那是一个周五的早晨，女地主正在扫楼梯。

正译：那是一个周五的早晨，女房东正在扫楼梯。

英美国家有将自己的空房间租给他人的习惯，并且会提供打扫卫生的服务。房屋的男主人被称为landlord，房屋的女主人被叫成landlady。所以，该例中的landlady应译为“女房东”，而不是“女地主”。

“You chicken!” He cried，looking at Tom with contempt.

误译：他不屑地看着汤姆，喊道：“你是个小鸡！”

正译：他不屑地看着汤姆，喊道：“你是个胆小鬼！”

不少中国学生都会将chicken译为“小鸡”，这是因为汉语中只有“胆小如鼠”

一说，并无“胆小如鸡”的概念。事实上，英语中的chicken除本义外还可用来喻指“胆小怕事的人”“胆小鬼”，故“You chicken!”的正确译文是“你是个胆小鬼!”

John can be relied on；he eats no fish and plays the games.

误译：约翰为人可靠，一向不吃鱼，常玩游戏。

正译：约翰为人可靠，既忠诚又守规矩。

该例中的to eat no fish与to play the game的字面意思为“不吃鱼，经常玩游戏”，但在这句话中显然是讲不通的。实际上，这两个短语都有其特定的含义。英国女王伊丽莎白一世规定了英国国教的教义和仪式，部分支持此举的教徒便不再遵循罗马天主教周五必定吃鱼的规定，于是“不吃鱼”（eat no fish）的教徒就被认为是“忠诚的人”。而玩游戏的时候总是须要遵守一定的规则，因此play the game也意味着必须守规矩。不了解这些文化背景，想要正确翻译是不可能的。

可见，在英汉翻译教学中，教师应引导学生不断地扩充英语文化背景知识，要求学生在英汉翻译时根据具体语境，并结合文化背景，准确地理解原文的含义，然后选择恰当的翻译技巧进行翻译，切忌望文生义。

二、翻译空缺

翻译空缺是指任何语言间或语言内的交际都不可能完全准确、对等。更何况，英汉语言分属不同的语系，翻译的空缺现象在英汉语言交际中表现得尤为明显，给翻译的顺利进行带来了障碍。在英汉翻译教学中，教师应该提醒学生注意这一现象，英汉翻译中常见的空缺有词汇空缺和语义空缺两大类。

（一）英汉词汇空缺

尽管不同语言之间存在一定的共性，但同时也存在各自的特性。这些特性渗透到词汇上，就会造成不同语言之间概念表达的不对应。这和译者所处的地理位置、自然环境，所习惯的生活方式、社会生活等相关。

有些词汇空缺是因生活环境的不同而产生的。例如，中国是农业大国，大米是中国南方主要的粮食，所以汉语对不同生长阶段的大米有不同的称呼，如长在田里的叫“水稻”，脱粒的叫“大米”，而煮熟的叫“米饭”。相反，在英美国家，不论是“水稻”“大米”还是“米饭”都叫rice。

语言是不断变化发展的，随着历史的前进、科技的进步，新词汇层出不穷。例如，1957 年 10 月。第一颗人造地球卫星发射成功后就出现了sputnik一词，而该词随即也在世界各国的语言中出现了词汇空缺。再如，1967 年 7 月，当美国宇航员登上月球后，英语中首次出现了moon craft（月球飞船），moon bounce（月球弹跳），lunar soil（月壤），lunar dust（月尘）等词，这也一度成为各国语言的词汇空缺。

因此，教师在英汉翻译教学中要特别注重词汇空缺现象的渗透，要求学生认真揣摩由词汇空缺带来的文化冲突，指引其采用灵活的翻译方法化解矛盾，翻译出优秀的文章。

（二）英汉语义空缺

英汉语义空缺是指不同语言中表达同一概念的词语虽然看起来字面含义相同，但实际上存在不同的文化内涵。以英汉语言中的色彩词为例，它们在大多数情况下都具有相同的意义，但在某些场合，表达相同颜色的英汉色彩词却被赋予了不同含义，如下面的句子。

Black and blue青一块，紫一块

Brown bread黑面包

green-eyed眼红

Black tea红茶

Brown sugar红糖

Turn purple with rage气得脸色发青

因此，教师在日常的翻译教学中要不断引起学生对语义空缺现象的注意，遇到空缺时尽量寻求深层语义的对应，而不是词语表面的对应。

须要说明的是，语义空缺还表现在语义涵盖面的不重合，即在不同语言中，表达同一概念的词语可能因为语言发出者、语言场合等的不同而产生不同的含义。例如，英语中flower除了作名词表示“花朵”以外，还可以作动词表示“开花”“用花装饰”“旺盛”等含义，而这种用法是汉语中的“花”所没有的。相应地，汉语中的“花”作动词时常表示“花钱”“花费”等含义，这也是英语中的flower所没有的。可见，英语中的flower和汉语中的“花”表达的基本语义虽然相

同，但在具体使用中，二者差别极大。因此.教师应引导学生注意词语在语言交际中产生的实际语义，从而在翻译时实现语义空缺的弥合。

第二节　文化差异下翻译的原则与策略

一、文化翻译的原则

很多人误认为翻译是一种纯粹的实践活动，根本不需要遵循任何原则，并提出了"译学无成规"的说法。还有不少人认为，"翻译是一门科学，有其理论原则。"然而，金缇和奈达在两人合编的《论翻译》中指出："实际上每一个人的翻译实践都有一些原则指导，区别于自觉和不自觉，在于那些原则是否符合客观规律。"

可见，翻译原则是指翻译实践的科学依据，是一种客观存在。历史上大量的翻译实践也证明，合理地使用翻译原则指导翻译实践活动，将会收到事半功倍的效果。

同样，基于文化差异下的翻译活动也必须遵循一定的原则。

奈达在《语言·文化·翻译》中提出，翻译中的文化因素应该受到更多的重视，他进一步发展了"功能对等"理论。当奈达把文化看作一个符号系统的时候，文化在翻译中获得了与语言相当的地位。翻译不仅是语言的，更是文化的。因为翻译是随着文化之间的交流而产生和发展的，其任务就是把一种民族的文化传播到另一种民族文化中去。因此，翻译是两种文化之间交流的桥梁。据此，有专家从跨文化的角度把翻译原则归结为"文化再现"（culture reappearance），分别指如下两个方面。

（一）再现源语文化的特色。例如：

贾芸对卜世仁说："巧媳妇做不出没有米的粥，叫我怎么办呢？"

（曹雪芹《红楼梦》）

译文1:Even the cleverest housewife can't cook a meal without rice.What do you expect me to do?

（杨宪益、戴乃迭　译）

译文 2: “…And I don’t see what I am supposed to do without any capital.Even the cleverest housewife can’t make bread without flour.

（霍克斯译）

该例中，“巧媳妇做不出没有米的粥”就是我们的俗语“巧妇难为无米之炊”，意思是“即使聪明能干的人，如果做事缺少必要条件也是难以办成的。”译文 1 中，译者保存了原作中“米”的文化概念，再现了源语的民族文化特色，符合作品的社会文化背景。译文 2 中，“没米的粥”译成没有面粉的面包（bread without flour），译者的出发点是考虑到西方人的传统食物是以面包为主，故将“米”转译成“面粉”（flour）有利于西方读者接受和理解，虽然西式面包与整个作品中表达的中国传统文化氛围不协调，在一定程度上损害了原作的民族文化特色，但译文已经能够传达了原文的文化内涵“即使聪明能干的人，如果做事缺少必要条件也是难以办成的”，并且提高了译文的可接受性，是应该值得提倡的。

2.再现源语文化的信息。例如：

It was Friday and soon they’d go out and get drunk.

星期五到了，他们马上就会出去喝得酩酊大醉。

尽管该译文看上去与原文对应，但如果读者看到后肯定会感到不知所云，为什么星期五到了人们就会出去买醉呢？很显然这句话承载着深层的文化信息：在英国，Friday是发薪水的固定日期，所以到了这一天，人们领完工资之后就会出去大喝一场。译者在翻译时不妨将Friday具体化，加上其蕴含的文化信息，可把这句话译为：“星期五发薪日子到了，他们马上就会出去喝得酩酊大醉。”如此一来，使Friday一词在特定的语境中所承载的文化信息得以完整的理解和传递。

二、文化翻译的策略

在跨文化翻译过程中，干扰翻译的因素有很多，这就需要译者可以灵活地处理，运用恰当的翻译策略。

（一）归化策略

归化策略是指以译语文化为归宿的翻译策略。归化策略始终恪守本民族文化的语言习惯传统，回归本民族语地道的表达方式，要求译者向目的语读者靠拢，采取目的语读者所习惯的表达方式来传达原文的内容，即使用一种极其自然、流畅的本民族语表达方式来展现译语的风格、特点。归化策略的优点在于可以使译文读起来比较地道和生动。例如，as poor as a church mouse译为“穷得如叫花子”而不是“穷得像教堂里的耗子”。

另外，对于一些蕴含着丰富的文化特色，承载着厚重的民族文化信息和悠久文化传统的成语与典故，也可采用归化翻译策略。例如：

Fish in troubled waters

浑水摸鱼

Drink like a fish

牛饮

Where there is a will，there is a way.

有志者，事竟成。

Make hay while the sun shines.

趁热打铁。

There is no smoke without fire.

无风不起浪。

To seek a hare in hen’s nest.

缘木求鱼。

Fools rush in where angels fear to tread.

初生牛犊不怕虎。

One boy is a boy，two boys half a boy，three boys no boy.

一个和尚挑水吃，两个和尚抬水吃，三个和尚没水吃。

当然，归化翻译策略也存在着一定的缺陷，即它滤掉了原文的语言形式，只留下了原文的意思。这样译语读者就很有可能漏掉一些有价值的东西。如果每次遇到文化因素的翻译，译者都只在译语中寻找熟悉的表达方式，那么译文读者将不会了解源语文化中那些新鲜的、不同于自己文化的东西。长此以往，不同文化间就很难相互了解和沟通。

以霍克斯对《红楼梦》的翻译为例，从其译文中可以感受到好像故事发生在英语国家一样，具有很强的可读性，且促进了《红楼梦》在英语世界的传播，但其也改变了《红楼梦》里丰富的中国传统文化内涵。例如，将带有佛教色彩的“天”译为西方读者更容易接受的God（神）；将“阿弥陀佛”译成“God bless my soul!”。

（二）异化策略

异化是相对于“归化”而言的，是指在翻译时迁就外来文化的语言特点，吸纳外来语言的表达方式，要求译者向作者靠拢，采取相应于作者所使用的源语表达方式来传达原文的内容。简单地说，异化即保存原文的“原汁原味”。异化策略的优势是，它为译语文化注入了新鲜的血液，丰富了译语的表达，也利于增长译文读者的见识，促进各国文化之间的交流。例如：

As the last straw breaks the laden camel’s back, this piece of underground information crushed the sinking spirits of Mr. Dobby.

正如压垮负重骆驼脊梁的一根稻草，这则秘密的讯息把董贝先生低沉的情绪压到了最低点。

将原文中的习语the last straw breaks the laden camel’s back照直译出，不但可以使汉语读者完全理解，还能了解英语中原来还有这样的表达方式。

（三）归化与异化相结合策略

作为跨文化翻译的两个重要策略，归化与异化同直译与意译一样，属于“二元对立”的关系，二者均有自己适用的范围和存在的理由，然而没有任何一个文本能够只用归化策略或者异化策略就能翻译，因此只强调任意一种都是不完善的，只有将归化和异化并用，才能更好地为翻译服务。归化与异化结合策略，有利于中国文化的繁荣与传播。随着中国在经济与政治上的强大和全球一体化的深入，世界文化交流日益加强，中西文化的强弱被渐渐地淡化。翻译家们越来越尊重源语的文化传统，采用“异化”翻译，尽可能地保留源语文化意象。例如，北京奥运会吉祥物“福娃”的国际译名，经过多方的商议，最终由Friendlies更改为Fuwa。

（四）文化调停策略

文化调停策略是指省去部分或全部文化因素不译，直接译出原文的深层含义。文化调停策略的优势是，译文通俗易懂，可读性强。当然，文化调停策略也存在一定的缺陷，即不能保留文化意象，不利于文化的沟通和交流。例如：

当他六岁时，他爹就教他识字。识字课本既不是《五经》《四书》，也不是常识国语，而是天干、地支、五行、八卦、六十四卦名等学起，进一步便学些《百中经》《玉匣记》《增删卜易》《麻衣神相》《奇门遁甲》《阴阳宅》等书。（赵树理《小二黑结婚》）

When he was six, his father started teaching him some characters from books on the art of fortune-telling, rather than the Chinese classics.

该例原文中包含了十几个带有丰富的汉语文化的词汇，如《五经》《四书》、天干、地支、五行、八卦、六十四卦名、《百中经》《玉匣记》《增删卜易》《麻衣神相》《奇门遁甲》《阴阳宅》。要将它们全部译成英文是非常困难的，同时也没有必要的，因为即使翻译成英文，英文读者也很难理解，所以可以考虑采用文化调停的策略，省去不译。

第三节　中西思维差异对翻译活动的影响

一、谙熟英汉语言异同

法国翻译理论家乔治·穆南（Georges Mounin）认为，翻译是一种艺术，但是是一种“建立于科学基础之上的艺术”，因为“翻译的许多问题，诸如翻译活动的正当性、可行性等基本问题，都可以从语言科学的研究中得到启示”。

的确，现代语言学的发展对翻译研究的发展影响深远。20 世纪年代中期以前的结构主义（structurelism），关注的中心是“成分分析”（constituent analysis），将句子分为以短语为单位的“结构体”，如名词短语（NP）、动词短语（VP）等，以此构成句子结构树形图，使句子在结构上成为“可认识的主体”。结构主义的这种短语结构分析法不仅明确了句中各个单位之间的线性关系，为翻译中确认主语、谓语等提供了信息，还明确了各成分之间的关系，为翻译中理清句义中的层次组织提供了有机的线索，也为翻译学的语义和结构分析过程提供了科学研究的途径。

20世纪50年代以来，以美国翻译理论家尤金·奈达（Eugene A. Nida）等为代表的欧美翻译理论界进步发展了结构主义的成分分析法，对词项的语义分析进行了更深入的探讨，使语义学与翻译学的研究结合起来。语义学家围绕语法结构与语义的关系所做的系统深入的研究，对翻译中译词法的理论化具有借鉴作用。

近几十年来，欧美语言学界对现代翻译理论研究影响较大的还有美国语言学家乔姆斯基（Noam Chomsky）所提出的转换生成语法（Trans formational Generative Grammar）。转换生成语法关于句子深层结构与表层结构的理论，对翻译科学的意义是不容忽视的。这种理论认为句子的深层结构是人类在说话之前存在于头脑之中的连贯意念，它是抽象的，是不能直接感知的，也就是人类的思维形式，即“句子的内部形式”，具有语义价值的语法关系；但是人类说话时并不是说深层结构的句子，而必须将句子的内部形式转换为外部形式，即表层结构，发出声音，人们才可以获得直接感知的语言信息。因此，深层结构决定句子的意义，表层结构决定句子的形式；语言中的句子是将以深层结构形式存在的概念系列活动转换为以表层结构形式发出的信息系列活动。欧美翻译理论界对此进行了有意义的探讨，用转换生成语法的理论来解释，翻译过程是从一种语言的表层结构开始，由表及里，探明其深层结构，再从深层结构转换到另一种语言的表层结构，也就是说，原文和译文的对应关系在深层，不在表层。层次结构的转换过程，也就是理解与表达的过程，其间，译者的理解能否进入句子的深层结构至关重要。双语转换如果不通过对深层结构的深入研究，直接从原文的表层结构到译文的表层结构，是必然要出错的。

基于结构主义语言学和转换生成语法，我们的翻译研究就有了科学的基础。翻译是艺术，尤其体现于文学翻译；翻译也是科学，因为翻译可以从语言学中找到科学的解释。

由此，我们对英汉两种语言进行对比，就会从中发现英汉两种语言之间的异和同，译者在翻译时处理这些异和同的过程中，就会发现翻译确有一定的规律性。“这种规律带给译者的启示，可能比任何技巧性的经验之谈来得更有价值”。

对英汉两种语言进行语义、词法、句法和思维方式的对比，有助于帮助学生理解两种语言的特点和特点背后的思维方式，找到语言转换的规律，提高实际的翻译能力。

（一）英汉词语意义对比

英汉词语意义的对应程度一般有三种情况。

1.完全对应

指英语的词语所表示的意义在汉语里可以找到完全对应的词语来表达，两者的意义在任何上下文都完全相等，这种完全对应的现象，只限于一些通用的科技术语、少数专有名词和普通名词。例如，economics—经济学，computer—计算机，bike——自行车，tea—茶，北京—Beijing，摩托车—motorcycle，手—hand，非典—SARS等。

2.部分对应

指译语词与源语词在意义上部分或大部分对应。英汉词语中的亲属词、一些动物的名称的名词都属于这一类。碰到这类词，都要根据语篇语境来确定词的意义。

3.完全或大部分不对应

指源语中一些带有浓厚的社会文化、风土习俗色彩的词语，在译语中找不到现成的对应词。例如，英语中的teenager，boomering body，汉语中的十二生肖、天干地支等。

英汉两种语言都有一词多义现象，译者必须认真分析上下文，才能找出其确切意思。总之，这些一词多义的词的词义总是在保持基本意义的前提下，随着上下文的意义而引申。

对于英语成语、俗语和惯用语不要望文生义：汉语成语、俗语和惯用语英译时要注意不要出现文化错位，即将有浓郁汉文化特色的词硬搬到英语里去。

（二）词法的差异

1.英语中有而汉语中无的现象

词的形态变化：主要指一些表示语法意义的曲折变化，如数（名词单复数、动词第三人称单数等）、格（主格、宾格、所有格）、时（一般现在时、一般过去时、一般将来时、过去将来时）、体（现在进行体、过去进行体、现在完成体、现在完成进行体、过去完成体、过去完成进行体等）、语态（主动语态、被动语态）、语气（陈述语气、疑问语气、祈使语气、感叹语气、虚拟语气）、人称（第一、第二、第三人称）、比较级（原级、比较级和最高级）等。

冠词：英语的单数名词前加不定冠词a或an，特指时须加定冠词the，汉语中无此现象。

2.汉语中有而英语中无的表示法

时态助词（过去、曾经、着、了、过）、量词（把、张、盏、个、根、条、本、支、只等）、句末语气词（陈述语气词：的、呢等；疑问语气词：吗、吧、啊、么等；祈使语气词：吧、呀、罢、啦等）。

3.英汉语在代词的使用上也存在差异

英语代词的使用频率要大大高于汉语。翻译时可按各自的特点进行增删和转换。

（三）句法的差异

英汉句子的基本结构虽然都是主语+谓语+宾语，但还是有明显的差异：

（1）汉语中无主句多，译成英语时要补译出主语。

（2）在句子与句子之间的连接方式上也有明显的差异：英语重形合（hypotaxis），汉语重意合（parataxis）。英语句中的词或分句之间一般要用连词或关联词连接起来，表达一定的语法意义和逻辑关系；汉语句子中的词语或分句之间不一定用语言形式进行连接，其语法意义和逻辑关系一般通过词语或分句的含义来表达。

（3）语序倒置现象：汉语句子中常常将宾语提前；英语句子倒装现象比汉语多。例如，疑问句、感叹句、否定句、假设虚拟句和强调句，都有一定的语序倒置现象，英汉互译时，需要根据各自的语言习惯进行调整。

（4）定语和状语的位置，具体如下。定语的位置：汉语句中定语的位置一般是在中心词之前，也有少数时候为了强调而放在中心词之后的；英语句子中定语的位置比汉语句子中的要灵活：单词作定语时，除少数情况外，一般放在中心词之前，较长的定语，如词组、介词短语、从句作定语，则一般放在中心词之后。

状语的位置：汉语句中状语一般放在主语和谓语之间，有时为了强调，也放在主语之前，总的来讲，位置比较固定；英语句中状语一般出现在宾语后面，但也常常出现在句首、句中或句尾，位置比较灵活。因此，英汉互译时，必须进行语序调整。

（5）否定词的位置。英语中有两种否定句：一是句子否定，指否定主语和谓语之间的肯定关系：二是成分否定，指否定句子某一成分而不影响主谓之间的肯定关系。前一种情况英汉否定词的位置是一样的，均放在谓语动词前面：在后一种情况中，英汉否定词的位置有时却有差异，因为英语中有否定转移现象：语义上否定某个从属成分的否定词可以提上来，形式上设定较高层次的谓语动词，译成汉语时就要根据汉语的习惯加以调整。

二、溯源中英思维差异

关于中英思维对比，许多名家都有论述。陈宏薇等在其编写的《新编汉英翻译教程》中的分析和归纳较全面。

（一）中国人注重伦理，英美人注重认识

“儒家思想是对中国社会影响最大的思想之一……儒家思想关心的是人道，而非天道，是人生之理，而非自然之性”。而在海洋型地理环境中发展起来的英美文化，促成了英美人对天文地理的浓厚兴趣，使他们形成了探求自然的奥秘，向自然索取的认知传统。重伦理思想观念的又一体现是重宗族和宗族关系，重辈分尊卑。所以，汉语中亲属称谓特别复杂，英语的亲属称谓比较笼统。

（二）中国人重整体，偏重综合性思维；英美人重个体，偏重分析性思维

“中国的小农经济使先民们意识到丰收离不开风调雨顺，生存离不开自然的思维，进而从男女关系、天地交合和交替等现象悟出阴阳交感、‘万物一体’‘天人合一’的意识”。万物一体的观念把人与自然、个人与社会乃至世间万物都看作不可分割、相依相存、相互影响、相互制约的有机整体，这是汉族人最朴素的辩证思维方法，体现在中医、中国人的戏剧、国画艺术、文字、对称与和谐的审美心理上。

（三）中国人重直觉，英美人重实证

中国传统思想注重实践经验，注重整体思考，因而借助直觉体悟，即通过知觉从整体上模糊而直接地把握认识对象内在本质和规律。

知觉思维强调感性认识、灵感和顿悟。这种思维特征来自儒家、道家、佛学的观念，也是“天人合一”哲学思想的产物。这种思维方式表现在理解语言时往往突出“意”，不太重视对语言的科学分析；评价事物的优劣时，较少用系统的理论进行实证考查式的论述。而英美人的思维传统一向重视理性知识，重视分析，因而也重视实证，主张通过对大量实证的分析得出科学、客观的结论。所以，英语的语言分析十分系统全面。不分析汉语句子的语法关系，我们还可以理解句子的意思；如果不分析英语句子的语法关系，尤其是长句中复杂的关系，我们是不可能清楚正确地理解英语句子的意义的。

（四）中国人重形象思维，英美人重逻辑思维

形象思维指人在头脑里对记忆表象进行分析综合、加工改造，从而形成新的表象的心理过程。逻辑思维是运用概念进行判断、推理的思维活动。

中国人形象思维的表现方式之一是汉字的象形性，以形示意是汉字的主要特征；中国人特别喜欢用具体的形象词语比喻抽象的事物，以物表感，状物言志。量词数量多，文化内涵丰富，生动形象，也是汉语形象化的表现。思维方式受传统的影响，学习翻译、学习两种语言的转换，在很大程度上就是学习两种思维方式的转换。了解中国人与英美人思维方式的不同特征及其在语言上的不同表现形式，努力透彻理解原文，使译文符合译入语的语言表达习惯，翻译才会取得较为令人满意的效果。

在这里，笔者认为，以上这些差异并非绝对的。随着国际交流的不断发展，在全球化的语境之下，文化之间的交流和相互影响，思维方式也会发生变化。因此，以上四对思维方式在中英文化中并非非此即彼的对立关系，而是在两种文化中所表现的程度的差异。了解这一点，对原文的正确理解和译文的恰当表达都是至关重要的。

第四节　翻译人才的跨文化交际能力培养

一、促进学生文化多元主义思想的发展

（一）培养学生积极看待异文化并促进其对自我价值的认识

对于外语专业大学生来说，他们大多对异国文化只有粗浅的了解，也少有与来自目的语国家文化中的成员的交往。因此，应当引导学生在跨文化交际发生之前和进行当中，先假设来自异文化的对方是善意的，是寻求与自己的理解和交流的，假设异文化和中国文化在深层次上有很多共同点。这样积极地看待异文化及其成员的态度也会辐射到跨文化交际的对方，促进双方的好感与信任感的建立，形成一种有益的跨文化交际场景，促进跨文化交际的良性循环。这样，在这个过程中，即使出现文化差异或令人困惑的情况，双方也能遵从与人为善的原则共同找到解决办法。

要培养外语专业学生对目的语文化的积极态度，使他们对自己尚不了解的陌生的人和事物首先假设其为“善”和“好”的，这种思想符合对中国文化产生重要影响的儒家思想的“性本善”说。例如，《三字经》就开宗明义地强调：“人之初，性本善；性相近，习相远”。引申到跨文化交际中，我们可以理解为，不同文化中的成员其本性首先是善的，虽然各文化的习俗、文化的表象相互差异，但是人们的本性是相通相融的。有了这样积极的假设，即使在跨文化交际中遇到困惑、矛盾甚至冲突，也会让人有信心去面对、去解决。相反，如果在跨文化交际尚未进行之前，就假设来自异文化的他者是“性本恶”，处处疑心、设防、过分敏感、封闭自己甚至主动攻击对方，就会对自己的跨文化行为产生极其负面的影响，很容易形成“自我实现的预言”。

如果一个人对自身价值认识不足、甚至对自己感到自卑，那么他也很难积极地看待异文化。因为，“如果一个人连对自己都认识不足，便不能理解与自己存在

差异的他人，不能主动地自如地去了解他人的思维方式和规范”。

民族中心主义思想的另一个极端是文化自卑感，而这种自卑感也是不利于文化多元主义思想形成的。一些专家指出，如果一个人对自身价值认识不足，那么他也很难积极地看待异文化。比如，在不少外语专业（尤其是学习英语和欧洲语言专业的学生）大学生中存在着这样的现象，即他们对美国、英国和其他欧洲国家极端崇拜，对中国文化妄自菲薄，这种现象被称为逆向民族中心主义思想，这种思想是严重妨碍学生的跨文化能力发展的。只有在学生充分认识到自我的价值，才更容易向来自异文化的人开放自己。相反，如果过于自卑，则会在跨文化交际中态度被动或反应过度敏感。

跨文化能力不是独立于人们个性之外的一种附加能力，而是个性的有机组成部分。所以，要培养外语专业学生的跨文化能力，就应当促进学生个性的发展，引导他们积极看待自我，并帮助他们实现自我价值。只有在学生充分认识并能不断实现自我价值的基础上，才更容易向来自异文化的人开放自己。因此，在外语教学中，教师应当充分尊重学生，尊重他们彼此的个性，应当给学生留有发展和展示其个性的空间，鼓励学生提出独立的见解，帮助学生充分发挥各自的优势，培养他们的独立人格，培养其不断发展和实现自我价值。

大学教育应注重人文性和教育性，应将人才培养置于“素质教育”框架之中，使大学生作为一个人的整体素质和个性发展方面得到最大限度的提高。

（二）鼓励学生勇于探索母文化与目的语文化

很多专家指出，如果对异文化怀有浓厚的兴趣，则更有助于人们设身处地地去理解异文化的成员，有助于培养跨文化移情能力。因此，要培养和促进外语专业学生的跨文化能力，应当培养他们对新事物的好奇心和勇于探索的精神。应当让学生领悟到，学习就是对安全感的放弃，应当培养学生不将新事物和陌生的环境看作是危险和威胁，而是看作拓宽眼界、发展个性的机会。

探新求异在我国的教育过程中一直受到忽视，很多大学生可能是考试高手，但大多怯于探索新事物，这也是多年应试教育所产生的结果。要培养外语专业学生的跨文化能力，很重要的就是要培养学生对母文化和异文化的兴趣。例如，孔子在《论语》中言：“知之者不如好之者，好之者不如乐之者。”所以，应当鼓励学生始终保持对异文化的好奇心和了解文化之间相同处与差异性的广泛兴趣，促使他们愿意与异文化成员交往，并共享知识与信息。

在教学过程中，作为教师应当帮助学生了解一些其他国家文化与中国文化的主要差异，使他们对跨文化交际有足够的心理准备。但同时应当向学生指出，其他国家文化中也有许多与中国文化相同或相似的地方，如很多价值观是很多文化共有的，只不过这些价值观的重要程度在各个文化中不尽相同，并且这些价值观通过不同的形式表现出来。

在专业外语教学过程中，为了提高学生对目的语文化的兴趣，应当注重利用各种媒体将目的语文化以丰富多彩的形式展示出来，增强学生对目的语文化积极、全面的感性认识，增强其探索文化的兴趣，以便促进学生在不断的探索过程中，培养其跨文化宽容度和移情能力，同时培养他们对目的语文化的尊重和跨文化敏感性。

（三）培养学生多视角看待问题的能力

很多研究表明，产生文化之间的误解和冲突的重要原因在于，人们大多会戴着母文化的眼镜看世界，把母文化的思维方式、行为方式、价值观等看作是放之四海而皆准的。因此，在培养外语专业学生的跨文化能力过程中，应当帮助他们意识到自己身上所存在的民族中心主义思想，并通过教学和实践逐步加以克服。

理解他人基于自我理解，首先可以帮助学生批判性地审视自己惯常的思维方式、行为方式和价值观。使学生认识到每一个人都是受到生活其间的文化的影响的，如张红玲所强调的，学习者对潜移默化形成的价值观和参考框架进行反思和质疑，这种自我反思能减少或消除民族中心主义思想。因此，有必要首先引导学生分析文化对自我的影响，培养文化省思能力，如分析自己在何种程度上受家庭、所属集体、教育、社会、价值观、宗教、传统等的影响。通过自我分析，可以帮助学生认识到民族中心主义思想的存在，并在一定程度上加以克服，从而不以母文化的“有色眼镜”看待另一种文化。

此外，可以帮助学生批判性地审视自己惯常的思维方式、行为方式和价值观。这种审视最好在有参照的情况下进行。因此，可以帮助学生首先比较来自不同地域的学生的不同的文化烙印。通过与其他同学的交流，增强学生的移情能力和多视角看待问题的能力，培养学生在与人交际中的敏察力以及宽容待人的态度，克服自我中心主义观念，进而克服民族中心主义思想。

一般来说，只要没有离开自己熟知的文化环境，人们是很难意识到自己身上民族中心主义思想的存在的。因此，应当鼓励学生到新的、陌生的文化环境中去，鼓励他们去接触和认识不同的文化世界。中国是一个多民族的国家，可以首先鼓励学生利用假期到少数民族地区，了解当地的文化，也可以建议学生到与自己熟悉的生活环境完全不同的地方，去考察和体会不同的生活，如来自城市的学生与来自农村的同学各自到对方的家庭生活一段时间。学生可以将他们的体验记录下来，还可以通过电子杂志把这些体验用生动的形式记录下来，互相分享。

当然，与来自另一国家的成员真正意义上的跨文化交际与实践，更能帮助学生克服民族中心主义思想，培养学生多角度看问题的能力。特别是与来自目的语国家成员的跨文化交际实践，对外语专业的中国学生来说尤为珍贵。

通过这样的体验和交流，可以帮助学生看到不同的生活方式有其各自合理的背景，帮助他们对自己司空见惯的“标准”进行反思，使他们看到自己的生活方式和价值观不是唯一正确的，同时也培养他们的宽容心和多视角看待问题的能力。

此外，尽量了解不同国家的成员对中国文化的看法也有利于克服民族中心主义思想。我国少部分高校外语专业所开设的《外国人看中国文化》等课程，就有助于启发学生多视角批判性地看待自己的母文化，从而促进其文化多元主义思想的形成和发展。

胡文仲和高一虹指出，“学习一门外语，就意味着学习它所构筑的一整套文化世界；掌握一门外语，就意味着获得一种新的对世界的看法”。在对目的语文化特别是该文化中所使用的言语表达的理解方面，应当培养学生不以“中国人之心度外国人之语言表达”，不用中国文化的“有色眼镜”看目的语文化成员的交际方式。应使学生学会在跨文化交际的同时，跨出母文化的思维定式，从更新、更高的角度甚至多维度来理解异文化的人和他们的言语表达。这种方式，不会使人丧失对母文化的认同感，而是会加深和改善对母文化、对他人、对外界的认识。

在培养外语专业学生跨文化能力的过程中，要培养他们从新的视角，即从超越母文化和异文化的跨文化视角，用第三只眼睛审视目的语文化，如王志强所指出的，“我们在理解他我文化时应超越本我文化视角，用介于本我文化和他我文化之间的新认知视角，即用第三只眼睛审视本我文化和他我文化”。他这里所指的第三只眼睛，是介于母文化和异文化之间的、独立的第三认知点。

外语专业的学生大多是以一门目的语为主要学习对象，应当引导学生扩大跨文化视野，从了解和理解中国文化、目的语文化，到对更多的文化有所了解和研究，以形成国际化的视野，具备对多元文化的敏感性，提高跨文化实践能力。

以上的建议可以为培养学生的文化多元主义思想打下很好的基础。这样，随着外语学习的不断进步、对目的语文化更多更深入的了解、随着越来越多的跨文化经验的积累，学生们就会更加尊重异文化，更加理解相应的目的语文化成员的价值观、思维和行为方式，从而不断提高自己的跨文化能力。

（四）培养学生的文化敏察力和跨文化移情能力

一个具有较强文化敏察力（又称文化敏感性）的人，对跨文化交际过程中的文化异同、轻重缓急、敏感地带等十分敏感，跨文化能力培养的一个重要方面就是培养学生的跨文化敏察力，使其了解掌握异文化的主要价值观、思维方式和行为方式，具有对异文化基本特征（见本书第三章）的感性和理性分析能力。培养学生的文化敏察力，就是培养他们对文化表层的现象有敏锐的感知和觉察，同时培养他们探究和分析文化表层现象背后的文化深层原因和本质的能力。

文化敏察力不是与生俱来，而是需要通过学习形成的。文化敏察力的培养需要由表及里、由浅入深、循序渐进地发展。在外语专业学生跨文化能力发展的初期，可以训练他们对处于文化表层的母文化和异文化基本特征进行观察与描述，训练他们发现常人不易发现的事物与现象。在此基础上，引导他们对所感知到的事物与现象进行文化比较和文化深层次原因分析，同时学习多视角看待和分析问题，尤其学习从异文化成员的视角来感知、判断和分析事物和问题，提高跨文化移情能力。

跨文化移情能力是指尽量站在来自另一文化的他者的立场去思考、去体验、去进行跨文化交际。就是“己所不欲，勿施于人”，是“己欲立而立人，己欲达而达人”。培养跨文化移情能力，就是要跨越和超越母文化的局限，使自己处于异文化成员的位置和思维方式，设身处地地感悟对方的境遇，理解对方的思维和感情，从而达到移情或同感的境界。

跨文化移情能力也包括站在对方的角度来理解其交际的意图。这种移情能力是建立在对交际伙伴的文化有深入和多方面了解和理解的基础之上的。因此，要培养跨文化移情能力必须加强对异文化的学习。

培养外语专业学生的跨文化移情能力，还包括帮助他们认识到来自异文化的成员可能感知到自己不曾感知到的东西，看到他们对所感知到的东西可能有与自己不同的诠释。

二、促进学生对母文化和目的语文化全面深入的认知和理解

（一）拓宽和加深外语专业学生对中国文化的认知和理解

对母文化的全面和深刻的认识是了解异文化的重要前提。外语专业学生对中国文化的了解，将是他们在跨文化合作职业实践中极大的优势，因为很多在华的国际企业正是希望利用中国员工对中国文化的了解，来寻求符合中国国情的解决方案，期望他们在中外跨文化交流中起桥梁的作用，从而实现这些企业的在华投资的目标。因此，促进中国外语专业大学生对母文化全面深入的认知和理解、培养他们向异文化的成员传播中国文化的能力至关重要。只有在了解了中国文化的基础上，才能客观地看待中国文化，认识到中国文化中的认知、思维和行为方式不是放之四海而皆准的，从而提高对异文化的敏察力和宽容度，提高跨文化能力。

培养外语专业学生的跨文化能力，不仅在于提高他们的外语语言交际能力，同时需要他们了解目的语国的文化，但这绝不意味着要他们把中国文化的根拔出来，离开母文化的土壤，完全“跨”上目的语国的文化土壤上重新生长，而是要在两种文化之间起桥梁的作用。正如民族中心主义有碍于跨文化能力的培养一样，对母文化的无知，甚至对自己文化认同感的放弃同样会妨碍跨文化交际的进行。正如雷买利所指出的那样：“缺失了母文化，跨文化将无从谈起。只有对母文化充满自豪和自信，才有可能在跨文化交际中处于平等地位。否则，只能沦为异文化的附庸和奴仆”。

老子在《道德经》中有言：“知人者智，自知者明。”对母文化的历史渊源、本民族典型的价值观、思维观、行为方式等有深刻的认识和反思，会有助于我们了

解自己的文化烙印，增强人们的跨文化敏察力，提高人们在中外文化之间进行跨文化沟通的能力。德国跨文化交际研究学者托马斯借用孙子“知己知彼，百战不殆”的思想，说明了解自己的文化是培养跨文化能力的第一步。孟凡臣指出，通过激励大学生对母文化进行反思，去认识那些影响自身价值观的社会条件。只有意识到个人固有的价值标准是由自身历史经验形成的结果，个体才更容易认识到自我认同中所形成的自认为理所当然的文化价值观，并通过对母文化和异文化价值标准的比较，认识到自身文化标准的文化中心主义特征，从而能移情于异文化的价值标准。要了解中国文化，必须了解中国的文化传统、价值体系、影响中国文化的因素等。同时，在跨文化交际中，中国文化所遵循的一些价值观和处事方式，可以为跨文化交际提供许多积极的参考，从而为跨文化交际研究提供新的视角。

如前所述，应当加强外语专业学生对中国历史文化的了解和研究，开设一些中国国学的选修课，通过对中国文化的学习，尤其是通过对中国文化中积极的核心价值观内容的学习，增强学生的母文化价值感和民族自尊心，提高学生的文化素质和学养，增强他们弘扬中国传统文化的意识和主动性。理解和认同母文化可以帮助学生理解和尊重其他的文化，进一步拓展自己的跨文化心理空间，对文化的多元性展现出一种大度，形成兼容并蓄的跨文化人格。同时，使学生在跨文化交际中成为有价值的、受欢迎的交际伙伴，因为异文化成员在与中国学生交流过程中，大多是希望对中国文化有更广泛和深入的了解。

须要指出的是，了解中国文化不仅包括了解中国传统文化的精髓、了解中国的主流文化，同时也包括了解中国丰富多彩的亚文化。很多在国际企业工作的中国员工，他们所面对的服务对象大多是中国人，而他们因其所属不同的亚文化而不同。了解中国文化的多层次性可以帮助人们成功地进行跨文化交际，做好中国文化和异文化沟通的桥梁。

对大学生来说，了解中国文化、将中国文化的精髓贯穿到跨文化交际中、强化学生的人文精神、价值观，提高他们的人文素质，培养他们在中外文化之间的沟通能力，可以极大促进他们跨文化能力的提高，同时也为促进真正意义上的跨文化对话做出贡献。在外语教学中，应当训练学生描述、分析和传播中国文化的发展历史、核心价值观、思维方式和行为方式的外语表达能力，培养他们对中国文化与目的语国家文化各方面进行比较的能力，同时也帮助他们学习用异文化成员的眼光来审视中国文化，从而使他们能从不同角度认知和理解中国文化。

（二）学习目的语文化

语言本身就是文化的一部分，但仅具有外语能力并不意味着具有跨文化交际能力。对目的语文化背景的了解可以促进对目的语的理解。在外语教学中，要使学生尽量真实切近和全面地感知到目的语文化，将涉及这一文化的历史、社会、经济、政治、生活方式等方面的内容融合到外语教学之中。在这一过程中，应当注意到，文化是不断发展变化的。同时，同一时代的文化也是有不同层次、多个方面的，应当培养学生以发展的眼光多视角地认知和分析目的语文化，帮助他们克服偏见，并避免他们对异文化产生刻板印象。因此，应当从历时性和共时性两个方面同时将目的语国家文化融入外语教学中。

在此基础上，还要培养学生学习对目的语国家的文化做全局的把握，即先宏观地了解目的语文化，再从中观（如地域文化、某一领域的特征、各时代人的不同特征）和微观的（如异文化成员的个性特征）层面观察、分析和理解它，最后达到宏观、中观和微观的整体了解和理解。

当然，以上所描述的全面了解和理解某一异文化是一个循序渐进的过程，对于跨文化经验尚不丰富的大学生来说，对某一国家的文化了解比较肤浅笼统，或是对这些了解充满矛盾和困惑，这些现象都是跨文化学习过程中出现的正常现象，作为教师应当帮助和引导学生来处理这些问题。了解某一异文化的过程就是首先培养对这一文化的兴趣和好奇心，通过不断的学习、观察和思考增强观察力、判断力，尤其是增强多视角、多层次认知异文化的能力，以不断趋近全方位了解和理解异文化的能力。

外语专业学生在学习目的语文化的过程中，首先常常看到这些文化与中国文化存在差异的地方，这一点自然是重要的，但同时也要尝试找到异文化与中国文化在文化深层次的共同点，在了解“习相远”的同时，也要把握那些“性相近”的文化共同价值。如前文所述，在“求同”的基础上“存异”对于培养跨文化能力至关重要。

要深入了解某目的语的文化，除了用中国人的眼光以及这一异文化成员的眼光来认知分析这一文化之外，还可以推荐通过阅读和讨论的方式分析其他文化的成员是怎样看待和评价这一文化的，从而使学生获得对这一文化更加深入全面和认知和理解。此外，我们应当看到，文化知识是永无止境的，绝不可能将某一对象国的文化知识完全传授给学生，而且也没有此必要，重要的是传授态度、观念、策略和方法。

（三）跨文化交际理论的学习与文化比较

要培养外语专业学生的跨文化能力，在帮助他们深入全面地认识和理解中国文化和目的语文化的同时，还应当向他们传授有关文化学和跨文化交际学的理论知识、研究方法和重要研究成果，包括文化的特征、文化的发展规律、跨文化交际的特点和规律，描写和分析文化的方法、工具、模型等。应当了解和批判性地分析目前比较有代表性的文化和跨文化交际理论和模式，如霍尔的跨文化分析模式、霍夫斯泰德的文化维度理论、琼潘纳斯和特纳的文化维度理论等。事实上，越来越多的大学都开设了“跨文化交际”课程。须要强调的是，不要仅照搬西方的理论，而是应当在吸纳这些理论的同时，构建中国自己的跨文化交际理论体系。

在跨文化交际理论的指导下，可以引导学生利用所学的文化分析方法，对目的语国家文化与中国文化进行比较。这种比较应包括国民性格、价值观、思维方式、行为方式、习俗规范、时间观、空间观、非言语交际方式等方面。尝试让学生挑选不同的主题对中国和目的语国家文化的某一方面进行比较和分析，找出异同，引导学生收集显示文化异同的数据和案例（在收集过程中学生也能锻炼其文化敏察力和批判性思维），并尝试去探究导致差异的深层次文化原因（可指导学生提出假设，再在理论研究的指导下，通过科学的方法做出结论。在这一过程中，培养学生分析和解决问题的能力），之后建议以研讨会的形式将结果进行演示和报告。

以上所描述的文化比较应当看成是学生跨文化学习过程的一个重要环节，在文化比较的某个专题研究结束后，要帮助学生对其跨文化学习进行总结（包括理论和方法总结），可建议学生准备一专门的文化比较文件夹，以影响跨文化交际的不同基本因素为主题，不断丰富相关的资料。这种文化比较一般是指主流文化的比较，因为把握了一个民族总的思维方式和价值取向，便容易理解和解释许多其他层次的文化现象。

也可开设比较中外文化课程，将中华民族文化与世界上影响较大的主流文化如欧洲文化、伊斯兰文化、美国文化等进行对比研究，促进学生跨文化能力的提高。但是，须要提醒学生注意的是，这样两种国家文化的比较只起一种参考作用，在进行跨文化交际的时候，还要对具体的参与跨文化交际的人和跨文化语境进行具体的分析，这里可以鼓励学生将跨文化交际理论知识应用于实践。比如，可以引导学生对跨文化交际的某些实例进行分析，从中外两种文化的角度来阐释有关的交际情境，分析交际参与者的思维和行为方式，做出交际预测，就各个交际层面以及影响交际的因素进行分析和讨论。

在不同文化的比较中，人们往往会强调文化的差异。这里须要特别注意的是，应当引导学生发现异文化与中国文化深层次上的“共同点”。从学习心理学的角度，找到这些共同点也是很有意义的，因为很多大学生缺乏跨文化经验，而受中国教育体制的影响，青年人往往缺乏探索新生事物的勇气，如果过于强调异文化与中国文化的差异，大学生们就会在与异文化成员进行交际之前有畏惧感；相反，如果找到了文化之间的共同点，则会使跨文化交际更容易开展起来。

当然这种对比不可能包罗万象，重要的是对学生在方法学方面的培养，启发学生通过对一些文化主题的探讨，加强学生的文化敏感性、自我认识以及对异文化中人的认识，并提高其认知能力、超越自身文化的局限。上述的文化分析和跨文化比较并不一定要求学生达到很高的科研水平，重要的是培养学生在分析和比较的过程中培养其跨文化敏察力，培养其对跨文化交际研究方法的应用。最后须要强调的是，对母文化和对目的语国家文化的认识和理解不是相互无关的，而是应当紧密相连，始终融合、相互促进的。

（四）融通中外文化

在欧美很多语言中，“交际”一词来源于拉丁语，其原意有“共同分享”“互相沟通”“共同参与”的意思，也意味着交际是交际伙伴的相互沟通分享信息的过程。所以，如果在跨文化交际中不会用外语来表达和传播母文化，跨文化交际就成了单向的文化流动，就不能成为真正意义上的“跨文化交际”。交际的双方只有互通有无，才能使交际顺利进行。在克拉姆契看来，外语教学应当是学习者与目的语母语者之间的平等对话。通过对话，学习者可以发现在说话和思维方式上他们与异文化的相同点和差异。在这种情况下，外语学习者才能以他们自己本来的身份而不是以有着这样那样缺陷的目的语使用者身份来使用所学的外语。

因此，对外语专业学生来说，跨文化能力的重要表现是能在母文化与异文化之间起桥梁作用，就是要用目的语来表达自己的观点，包括向目的语文化成员传播母文化。在交际的过程中，要充分达到“共同分享”“相互沟通”，要达到这一目的，其重要前提是深入全面了解和理解母文化和目的语文化。由北京大学乐黛云主编的《跨文化沟通个案研究丛书》共 15 册，详细记录了包括冯至、傅雷、梁实秋、林语堂、钱钟书、朱光潜等著名学者的跨文化人格成长之路，探讨了他们如何在继承中国传统文化的基础上，吸收西方文化。他们如何养成贯通中西的学养，既崇尚中国文化，又谙熟西方文化，亦中亦西，并且在中西文化之间成功架起桥梁。这些学者是外语专业学生培养跨文化能力的楷模。

胡文仲和高一虹将具有扬弃贯通能力、学贯中西作为具有跨文化能力的标志之一，而“贯”即连接、贯通，而不是放弃。因此，具有跨文化能力的一个较高的境界就是融通中外文化，是能在吸收异文化精华的基础上弘扬中国文化，能把中外文化融入自身人格的养成中，在跨文化交际合作中，知己知彼，具有深而广的文化学养和博大的胸襟。因此，在外语教学中，不但应当重视用外语来叙述对象国的文化、社会、政治和经济现象，同时也要培养学生用外语向对象国成员阐述中国文化渊源、价值观、思维方式、行为方式、社会现象等的能力，从而提高其跨文化交际能力。外语专业学生不应被培养为崇洋媚外的民族虚无主义者，也不应是因循守旧的狭隘民族主义者，而是应当被培养成文化使者，培养他们在吸收异文化精髓的同时，也能弘扬中国文化，在跨文化交际与合作中，通过自己的跨文化能力，既让中国了解世界，又让世界了解中国。

（五）“拿来”与“送去”

培养外语专业大学生跨文化能力的最终目的，并不是使学生在思维方式和行为方式等方面变得和异文化人一样，而是使他们既能理解和吸纳异文化，又能在跨文化交际中传播中国文化的精髓。使学生由被动地在跨文化交际中尽量避免文化冲突，变为主动地寻求文化之间的共性，并积极利用文化的差异，找到新的解决问题的方式。

对于西方文化，鲁迅先生曾提倡拿来主义。20 世纪 80 年代，季羡林提出了“送去主义”，即在“拿来”的同时，向西方传播我们中国文化的精华。本书认为，不管是拿来，还是送出去，都不是原封不动地照搬，而是在既忠实于中国文化又尊重异文化的基础上，由参与跨文化交际的双方共同创造和构建一种新的文化。因此，跨文化能力，尤其是跨文化沟通能力就更为重要，这也是我国外语专业发展的新契机。

培养外语专业大学生的跨文化能力不是要用东方中心论代替西方中心论，传播母文化与吸纳异文化不是相互矛盾，而是相辅相成的。跨文化的开放和对话有助于我们认识到自己文化、思维方式和认知上的盲点，通过学习异文化，可以拓展学生的思维空间，增加思维深度，促进他们从新的视角认识中国文化。同时，对中国文化的深刻了解与认识有助于学生提高跨文化理解和沟通的能力，从而提高其跨文化能力。

三、培养外语专业学生的跨文化行为能力

促进跨文化行为能力发展的关键能力和个性特征有：适应能力、独立行为能力与责任心、灵活性、跨文化交际能力（尤其是外语能力）、团队合作精神、求同存异的能力、文化协同能力、文化沟通能力。培养学生的跨文化行为能力主要可以从以下几个方面来开展。

（一）培养跨文化交际能力以及“就交际本身进行沟通的能力”

要培养学生的跨文化能力，外语能力至关重要。毋庸置疑，对于大学外语教学来说，培养学生的外语能力和跨文化交际能力是其中心任务。外语学习的最终目的是利用外语进行跨文化交际。在外语教学中，应当不再以培养学生成为native speaker为目标，而是培养他们成为具有双重文化人格的intercultural speaker。而跨文化交际者有着那些仅掌握一门语言的“母语者”所没有的优势，即他们对自己文化的掌握和在中外文化之间进行跨文化交际和传播的能力。

外语专业学生们须要知道的是，学习外语本身并不是最终目的，重要的是利用外语进行跨文化交际。而中国学生在学习外语时，往往非常重视词汇和语法，

因为害怕犯错误而不敢交际，这样的做法无异于舍本逐末。

在以跨文化交际能力为目标的培养方针指导下，外语主要被看作是交际的工具。在课堂上可以通过各种教学形式来培养学生利用外语认识和理解目的语文化、传播中国文化、对中国和目的语文化进行分析比较、对跨文化交际进行准备、预测、引导，以达到令双方满意的有效的跨文化交际。同时，也包括培养学生利用外语与来自该语言国家的成员建立和维护信任关系的能力、表达不同意见的能力、通过沟通处理问题和矛盾的能力。

在前文所叙述的交际的四个层面中，言语交际在跨文化交际中起着核心的作用。跨文化交际也是人际交往，对人的了解与研究也至关重要。不同文化之间的交流和交往大多是由个人来承担的，这就要求个人要有很强的交际能力，广博的中外知识和积极的交往态度，即使在复杂的跨文化交际场合中，也能随机应变、因势利导、掌握主动。外语教学应当向学生传授跨文化交际策略，具体如下：

（1）吸引对方与自己交际、寻找共同话题；

（2）营造宽松的交流氛围，不但善于言语交际，同时善于积极地倾听和交际引导；

（3）善于观察和分析交际中对方的背景、交际目的、思维方式、行为方式等，并在此基础上调整自己的行为；

（4）保持跨文化敏感，善于捕捉信息传递中的偏差和有可能出现的误解。

须要指出的是，除了培养学生在言语表达方面的熟练和丰富程度之外，还应当提醒学生注意交际的非言语因素和言语外因素，如眼神、手势、体态、对时间和空间的处理、交际媒体等。

跨文化合作的关键往往就在于跨文化交际是否恰当和畅通，在这一背景下均应强调“就交际本身进行沟通的能力”（即“元交际”能力）的重要性。就交际本身进行沟通的能力是指对交际本身进行交际的能力，即将交际的形式、内容等作为谈话的内容，如可以与来自目的语文化的成员就以下与交际本身相关的问题进行沟通：

（1）“我不知道我这么说是否贴切?”

（2）“希望我刚才说的没有冒犯到您。”

（3）“我刚才表达得不够确切，请让我换个方式再说一次......”

（4）“您刚才所讲的意思是否是……”

就交际本身进行沟通的能力也包括与交际伙伴事先约定交际规则：如约定每次会谈的主要内容用文字的形式记录下来；在讨论过程中就事不就人；在对方未说完之前不要打断他等。通过对交际进行沟通，可以提高交际的效率，避免误解的产生，保障交际的成效。因此，应鼓励学生有意识地将外语作为工具，将交际本身作为交际的内容，主动避免跨文化交际过程中有可能出现的误解、障碍甚至冲突，有意识地疏通跨文化交际的渠道，提高交际的效用，促进和改善跨文化交际。

在培养外语专业大学生的跨文化交际能力以及就交际本身进行沟通的能力的过程中，作为教师应当在外语教学的课堂中设计不同的交际场景，以提高学生的跨文化交际能力。应当将以教师为中心、以知识传授为中心的教学形式发展为以学生为中心、以交际为中心的教学互动形式。

（二）培养外语专业学生在求同的基础上存异的能力

不同的文化之间不仅存在差别，同时也具有很多相同点，找到文化之间的共同点是跨文化合作取得成功的重要基础，“求同存异”也是跨文化合作中行之有效的策略和方法。在全球化的今天，求同的策略也是全球化发展的需要。人类面对着很多共同的问题，须要在“同”的基础上去共同解决。同时，“求同”符合中国文化的核心价值观，中国人的大同世界观不仅认为天下一家，且视天地万物为一体。在跨文化交际与合作过程中“求同”，符合中国文化中的“世界大同”的价值观，是创建和谐的跨文化关系的重要途径。

在跨文化交际与合作过程中，人们会遇到比在单一文化中要复杂得多的问题。尤其在跨文化交际的双方对彼此还缺乏了解和信任的情况下，“求同存异”可以帮助人们克服陌生感，克服对陌生文化的生疏甚至恐惧，寻找自己所熟悉的东西，增强与来自异文化的合作伙伴进一步交流的勇气，增强对跨文化交际与合作的信心，并将跨文化合作进行下去。在“求同”的基础上，即使看到文化差异的存在，也不会气馁，不会踯躅不前。因此，“求同存异”可以使人们的跨文化行为由被动变为主动，是处理纷繁复杂的跨文化交际问题、解决各种矛盾卓有成效的策略。

培养学生求同存异的能力还包括引导学生认识到，文化差异并不一定会自动导致文化冲突。如贾文键所指出，不能将跨文化交际过程中出现的所有问题都归咎于文化差异，要看到文化之间的共同点和相似点，以便找到跨文化沟通的基础。需要指出的是，“求同”并不是意味要否认和忽视文化之间差异的存在，或是刻意回避差异，更不意味着放弃自己的文化一味地追求与异文化的一致。不同的文化之间既有“性相近”，又有“习相远”，它们是同一事物的不同方面，构成整体。“异”“同”之间是相互关联和变化，求同存异，是对“非此即彼”的二元论的批判，承认“同”与“异”同样存在，并且同中有异，异中有同。

（三）培养学生的跨文化协同能力与团队合作能力

在外语专业学生跨文化能力培养过程中，要引导学生观察和发现异文化和中国文化的差异、产生这些差异的原因以及处理这些差异的策略、方法与途径。

跨文化交际研究学科的一个重要原则，是认为不同的文化是平等的。在坚持这一原则的同时，学生们也应当看到，与此同时存在的情况是，地位和角色的不同也会影响跨文化交际。比如，在华的跨国企业中，很多高管人员都是来自另一国家，在中国雇员与这些外国高管人员的跨文化交际过程中，中外权力的不平衡往往被诠释为文化的不平等，所以往往得出结论“美国人太自以为是了”“法国人太傲慢了”等。应当帮助学生认识到这些差异主要是权力距离造成的，而不是归咎于文化。

如前文所述，民族中心主义思想是普遍存在的，文化优越感也是自然现象，而一个国家政治、经济实力越强，越会促进这种文化优越感表现出来。大学生们应当学习正确对待这一现象，同时又不滋长自己的民族中心主义趋向。

正如很多专家在访谈中所指出的，不同文化之间的差异也是可以对跨文化交际与合作起到积极作用的，不同文化之间的影响与融合，可以给文化带来新的生命力。差异往往可以是对母文化的补充和丰富，借鉴其他文化，可以使母文化获得新的发展。因此，文化之间的差异并不可怕。事实上，中国文化的发展过程本身也是求同存异的结果，是母文化融合外来文化而不断发展的成功例证。因此，应当培养学生学习在跨文化团队中，多向他人学习，将中国文化与目的语文化中的差异创意地加以利用，创造出一种“第三种文化”，从而使不同的文化融合在一起产生文化协同效果。

要培养外语专业学生找到寻求异文化和中国文化的共同点和处理文化之间差异的平衡。学生们不仅要学习尽量减少与异文化成员跨文化交际中的误会、避免冲突，而且要变被动为主动，积极寻求不同文化之间的共同点，以此作为跨文化合作的重要基础，同时尊重各种文化的独特性和多样性，尊重不同的价值观、思维观和行为方式的和谐共存，积极地、建设性地处理文化之间的差异，并利用这些文化差异，寻求跨文化协同效应。因为在跨文化交际中，不需要追求以文化之间的“同”压倒“异”，“求同”与“存异”是可以协调存在的。

在前文所述的实证研究中，很多专家指出，在跨文化职业实践中，人们往往需要与不同文化背景的同事或伙伴合作，团队合作能力具有重要意义。因此，在外语教学中，应当注重培养学生的团队合作能力，如可以以一些跨文化实践项目为主导，安排学生针对不同的跨文化主题在课外进行调研，使学生通过具体的与有跨文化经验的中国人或是目的语国家成员的跨文化接触，培养其跨文化行为能力。这样的调研项目可以分组进行，以便培养学生的团队合作能力与责任心，在外语课堂上，学生可以展示和陈述他们的调研的结果，并就相关的主题与其他学生展开讨论。

四、培养外语专业学生的跨文化自主学习能力

跨文化能力不可能仅通过课堂教学或是几次实践活动一劳永逸地获得，而是需要在终身学习的过程中不断培养和发展起来。在这个过程中，乐于学习的态度和善于学习的能力起着核心的作用。因此，在对外语专业学生的跨文化教育和教学中，应当更加注重跨文化学习的方法学的学习，培养学生积累应对各种跨文化交际中出现问题的策略、方式和方法，并灵活运用，从而提高其跨文化自主学习的能力。

张红玲认为，自主学习能力应该包括行为（学习者参与管理自己的学习，对学习进行规划、监督和评价）、心理（学习者对自己的学习有较强的意识，善于反思）、情感层面（学习者对学习充满好奇心和自信，具有较强的学习动力）、方法（学习者掌握了多种适合自己的学习方法，并能根据需要灵活应用，同时愿意探索新方法）和应用（学习者有能力将所学知识和技能加以应用）五个层面。她

认为应当将这五个层面作为外语教学的重点之一。

上文所提到的心理层面的自主学习能力也可以被看作是乐于学习的态度，这种态度是受学习动机影响的。外语专业跨文化学习的内部动机包括：对目的语文化的向往，对目的语文化成员价值观、生活方式等的浓厚兴趣；希望学习一些新奇的、与众不同的东西；希望系统地、科学地研究目的语文化与母文化的异同；希望通过对目的语和目的语文化的学习拓宽自己的视野，更好地促进自我实现等。外语专业跨文化学习的外部动因包括：提高自己的职场竞争力，希望到跨国企业工作，希望更好地与目的语文化成员相处，与其进行有效、成功的跨文化交际与合作等。在对外语专业学生的跨文化教育与教学中，应当激发学生主动发现和意识到他们的跨文化学习动机，并增强和丰富这些动机。

在跨文化能力培养过程中，乐于学习的态度和善于学习的能力也包括能自主地对跨文化学习做出系统的计划、实施计划并对学习的过程和结果进行检验，也包括寻找出适合自己的学习策略与方法。具体可以包括：

（1）定期对自己的跨文化能力发展做出自我评估，并请他人对自己的跨文化能力进行评估；

（2）针对上述跨文化能力评估结果做出进一步提高跨文化能力的计划并实施；

（3）具有为自己寻找和营造跨文化交际场景的能力；

（4）具有关系构建和维护能力，能在自己的学习、生活和工作中寻找合适的跨文化交际伙伴并与之建立长期的友好关系，以便在实践中不断地进行跨文化学习；

（5）能对各种跨文化交际策略进行尝试和总结分析，探索出适合自己、同时又适应各种交际伙伴和交际场景的策略......

跨文化自主学习能力还包括媒体应用能力。多媒体和互联网的发展为跨文化学习能力的培养带来很多新机遇和可能性，传统的外语教学方式受到挑战，学生课外自主学习与课堂教学的时间比将大大提高。在这样的背景下，学生根据自己的计划和设计来自主学习就显得尤为重要。

培养跨文化自主学习能力也包括学生自己对学习的材料、内容进行收集和总结。比如，格言与谚语的收集就能很好地促进外语专业学生的跨文化学习乐趣，同时在这种收集的过程中，学生可以培养自己对外语和跨文化学习的管理能力和自主学习能力。格言与谚语是文化的积淀和生动反映，每一种文化每一个民族都有自己特有的格言和谚语，它们生动地“描述”和传达文化深层次的价值观、思维方式、社会关系、时间观、空间观等。通过学习和分析格言谚语，可以更深入地了解和理解目的语文化。同时，格言与谚语往往语言精练优美，可以提高学生对外语学习的兴趣，同时对格言与谚语的灵活应用又可以提高学生的外语表达能力，从而提高其跨文化交际能力。

第五节　跨文化交际下的翻译教学实施

一、翻译教学的现状

（一）英语翻译教材内容受限

当前，学生使用的多数翻译教材存在一个共性问题，即说明性和科技型较强的文章比重较大，多为“骨架”式，忽视了语言形式的文化意义。翻译教材中涉及的英语文化，尤其是有关英语国家价值观、思维方式、民族心理等方面的材料很少。这就使学生在学习翻译过程中对非语言学形式的西方文化因素了解甚少。

（二）翻译教师的文化意识淡薄

教师因素是文化翻译教学能否落到实处的重要因素。英语翻译教学仍停留在翻译词汇、语法层面上，几乎不涉及文化。造成这一结果的原因有很多：首先是翻译教师自身接受的翻译教育就是传统的“骨架知识”教学，所以其观念也就难以得到矫正。在英语翻译课堂教学中，多数教师仅注重学生对某些词汇、语法点的翻译，却很少教授怎样如何更好地完成跨文化交际活动，对英汉文化知识的渗透十分有限，也很随心所欲，点到即可，缺乏一定的系统性和条理性。一些翻译教师认为学生能准确翻译出词汇和语法等基本语言点就够了，不须要引入一些文化知识；一些教师认为学生学习英语翻译，仅掌握其正确翻译的方法即可，进而忽视了语言中文化因素的所起的作用；更有一些教师认为传授文化知识会加重学生翻译学习的负担，不愿将课堂上宝贵的时间花在文化教学上，所以放弃了文化知识的传授。其次，教师也属于非母语学习者，缺乏英语学习的大环境，所以其掌握的跨文化知识也非常零散；并且由于教师的教学任务过于繁重，没有太多时间和精力用在文化差异研究上。

（三）学生缺乏跨文化交际意识

我国学生进行英语学习的主要目的是为了通过考试，因此考试是学生英语学习的指挥棒。在这种意识的指导下，学生对文化学习的意识非常淡薄，认为跨文化学习是一种浪费学习精力的行为，并不能提高英语考试的成绩。

由于学生的跨文化意识淡薄，虽然在应试教育中会取得一定的成绩。但是英语实用能力与交际能力却相对较弱。学生中存在的“哑巴英语”现象便是普通语言知识教学的重要产物。

二、翻译教学的内容与目标

（一）翻译教学的内容

翻译教学的内容主要包括：翻译基本理论、英汉语言对比、常用的翻译技巧。

1.翻译基本理论

翻译的理论知识主要涉及对翻译活动本身的认识、了解翻译的过程、标准、翻译对译者的要求、工具书的使用等。

2.英汉语言对比

对英汉语言的对比既包括语言层面的内容，又涉及文化层面和思维层面的对比。在语言层面上，主要是对英汉语言的语义、词法、句法、文体篇章进行比较，发现它们的异同。对英汉文化、思维的比较，利于更加准确、完整、恰当地传达原文的信息。

3.常用的翻译技巧

翻译中的常见技巧有语序的调整、正译与反译、增补语省略、主动与被动、句子语用功能再现等。

（二）翻译教学的目标

《大学英语课程教学要求》提出的翻译教学目标如下。

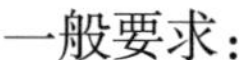

一般要求：

（1）学生可以借助词典对题材熟悉的文章进行英汉互译；

（2）学生的英汉译速可以达到每小时约 300 个英文单词，汉英译速可以达到每小时约 250 个汉字；

（3）学生的译文可以基本准确，没有重大的理解和语言表达错误。

较高要求：

（1）学生可以摘译所学专业的英语文献资料；

（2）学生可以借助词典翻译英语国家的大众性报刊上题材较为熟悉的文章；

（3）学生的英汉译速应达到每小时约 350 个英语单词，汉英译速应达到每小时约 300 个汉字；

（4）学生的译文通顺达意，理解和语言表达错误较少；

（5）学生可以使用适当的翻译技巧。

更高要求：

（1）学生可以借助词典翻译所学专业的文献资料与英语国家报刊上带有一定难度的文章；

（2）学生可以翻译介绍中国国情或文化的文章；

（3）学生的英汉译速可以达到每小时约 400 个英文单词，汉英译速可以达到每小时约 350 个汉字。

（4）学生的译文内容准确，基本没有错误、漏译，文字通顺达意，语言表达错误较少。

三、文化差异对翻译教学的启示

（一）提升学生英语文化知识水平

从当前的英语教学翻译教学现状来看，很多学生仅注重对专业课的学习，全面照搬课本上的知识，对英美国家的文化知识了解甚少。因而，在翻译过程中一旦遇到文化问题，学生就会手足无措，出现误译的情况。然而，翻译涉及众多学科与领域，若不具备该领域一定的基础知识将很难理解文本，也就很难翻译得准确。有限的词汇量、狭窄的知识面、匮乏的文化背景知识均是阻碍学生翻译水平提升的因素。

基于以上问题，很多院校纷纷开设了涉及西方文化以及文学方面的选修课，旨在扩大学生的知识面，激发学生对外国文化的兴趣，培养学生的文化差异意识。在具体的翻译教学中，教师还应将英美文化知识和教学内容有机地结合起来，增强学生对英语中所包含的文化现象的认识和理解，从而提高他们在翻译中处理文化问题的能力。

此外，教师还应有意识地选用一些包含文化知识、涉及文化差异的教材，并利用一切策略、资源来帮助学生置身于跨文化交际的真实情景中，体会英语的具体使用，以便学生能更加忠实、准确地再现原文的思想意图。

（二）夯实学生的语言功底

由于翻译是一种语言转换为另一种语言的活动，所以要想译出好的作品就必须在两种语言之间寻找最佳的信息匹配方式。如果没有强大的双语基本功作支撑，那么学生既无法深刻体会源语言的信息，又无策略将其有效地通过目的语表达出来，翻译的质量就会大打折扣。例如：

He identified himself with the masses.

Enjoy the luxury of doing good.

It is two years come Christmas.

要理解以上三个句子并不难，难的是如何用符合汉语表达习惯的话语将其内涵传达出来。下面是以上三个句子对应的译文。

他和群众打成一片。

以行善为乐。

到今年圣诞时就是两年了。

在先进的英语翻译教学中，教师通常只关注提高学生的英语水平，而忽视了学生的汉语水平。著名翻译家陈廷佑曾指出，能不能译出来取决于译者的英文功底，而译得好不好则取决于译者的汉语功底。因此，加强培养学生的汉语语言功底具有十分重要的意义，要让学生熟悉汉语行文特征，了解汉语的表达习惯，这样才能在翻译过程中体现、发扬汉语语言传统，创造出更加完美的译文。

（三）积极开展网络教学与第二课堂教学

从目前来看，我国的英语翻译教学仍沿用着传统的教学策略和教学工具。在科技、经济、生活发生巨大改变的今天，传统的教学策略与工具已经无法更好地提升学生的翻译能力。基于此，教师应积极主动地探索新的翻译教学策略与教学工具并身体力行。

互联网是一种信息技术，是IT，是信息传播、整理、分析、搜寻的一种技术，其主要任务是传递信息。互联网中存储海量的信息，且这些信息、资源的更新也非常及时。因此，在翻译教学中教师应充分发挥互联网的优势，将网络作为翻译课堂教学的补充，“既可以实现由教师现场指导的实时同步学习，也可以实现在教学计划指导下的非实时自学，还可以实现通过使用电子邮件、网上讨论区、网络通话等手段的小组合作型学习等”。

另外，由于翻译课堂时间十分有限，所以教师还应在课下开展一些有益学生增加文化知识、提高翻译水平的活动，如要求学生阅读英文原版书刊、杂志等；观看英文电影、电视，听英文广播等。

（四）注重对学生文化差异意识的培养

加强学生的文化差异意识，对其更好地处理翻译中的文化差异问题，提高翻译能力，改善翻译教学的质量有重要意义。具体来说，教师可从以下几个方面着手。

1.自然因素引起的文化差异教学

自然环境对人类生产生活有着较大的影响，这些影响也必然反映在其语言中。而中国和英美国家所处的自然环境不同，因而各自语言中有关自然环境的语言表达所具有的文化含义也有所区别，其主要体现在自然、植物、动物、数字、颜色等客观文化现象的差异上，这个我们会在随后的章节中详细介绍。例如：

Shall I compare thee to a Summer’s day? Thou art more lovely and temperate.

本句出自莎士比亚的十四行诗，诗人将恋人比作a Summer’s day。中国的夏天常常令人炙日难耐，心情烦闷，因此中国读者在理解这句话时常感到困惑。实际上，英国四周环海，纬度较高，夏天时太阳早上 4 点升起，晚上 10 点落下，平均温度约 20 度。因此，英国的夏季景色秀丽、凉爽宜人，这也就难怪诗人将恋人比作夏日了。翻译时若缺乏这方面的知识就很容易出错。再如：

Spend money like water挥金如土

中国位于亚洲大陆，土地面积辽阔，“土”是人们生活中最依赖、最常见的事物，所以汉语中形容花钱大手大脚的词语是“挥金如土”。而英国是个岛国，其航海一度领先世界，人们对于海洋、海水的意识更加深刻，因此在表达相同意思是使用了spend money like water。

所以，教师只有让学生了产生差异的文化因素，学生才能更准确地理解原文，并将原本的真实含义传递给目的语读者。

2.历史、宗教因素引起的文化差异教学

历史、宗教上的重要人物、事件等往往会反映在其本民族的语言之中，从而产生了不同民族的文化差异。这一因素带来的差异主要体现在修辞文化和习语文化等语言文化方面，这些会在以后章节中详细说明。在翻译过程中，学生只有对各自不同的文化积淀有所了解，才能准确辨别翻译中的文化问题，进而采取有效的对策，实现忠实、通顺的翻译。

中国深受佛教影响，因此汉语中有很多和佛有关的习语。例如：

半路出家

借花献佛

临时抱佛脚

不着僧面看佛面

苦海无涯，回头是岸

跑得了和尚跑不了庙

人争一口气，佛争一柱香

救人一命胜造七级浮屠

泥菩萨过河———自身难保

在英美国家，人们大多信仰基督教，因而英语中和God（上帝）有关或和《圣经》有关的表达也很多。例如：

a doubting Thomas多疑的托马斯

a wolf in sheep’s clothing披着羊皮的狼/貌善心恶的人

beat the air击打空气

Judas's kiss犹大之吻

Paradise lost 失乐园

the elect of God 上帝的选民

the Judgment Day最后审判日

the lost sheep 迷途的羔羊

在翻译教学中，教师应有意识地教授一些相关的历史、宗教背景知识，以帮助学生准确地译出原文。

3.风俗不同引起的文化差异教学

英汉民族有各自特别的习俗和对事物的认识。这种差异在语言中的一个重要表现就是那些包含动物的词语褒贬含义不同。

例如，“龙”是中国神话中的动物，大约是从秦始皇开始，就有把帝王称之为龙的说法。汉朝以后，龙就成了帝王的象征。汉语中有许多含有“龙”的成语都是褒义的成语，如“真龙天子”“蛟龙得水”“龙凤呈祥”等。经历了上千年的演变和发展，龙的形象已经成为中华民族的象征，海内外的炎黄子孙仍骄傲地自称为“龙的传人”。但是，英语中的dragon是一种形似巨大、长着翅膀、有鳞有爪、口中喷火的、替魔鬼看守财宝的凶悍怪物，因而是邪恶的代表和恶魔的化身。由此可见，龙与dragon虽然都是神话中的动物，但它们的文化内涵却相去甚远。风俗不同引起的文化差异，主要体现在人们日常需求方面的服饰、居住文化方面。

总之，教师要重视这些由不同民族的生活习俗引起的文化差异，以使学生能够妥善处理词语所具有的不同文化内涵，做出正确翻译，实现跨文化交际的目的。

4.思维方式不同引起的文化差异教学

英汉民族往往因为对同一事物的看法、理解不同，而在各自的语言中有着不同的表达方式。思维方式的差异可以说是文化差异的根源。它几乎可以包罗或解释中西文化差异的各个方面。例如：

It is impossible to overrate the significance of the invention.

不了解英语表达习惯和思维方式的学生很可能将其译为“过高评价这项发明的意义是不可能的”，但这和原文的含义相去甚远。原文含义的重点不是过高地评价不可能，而是这个事物本身就不值如此好评，因此正确译文应为“这项发明的意义再怎么评价也不会太高”。

可见，在翻译教学中，英汉思维方式引起的文化差异教学同样重要。学生只有了解并把握了英汉不同的思维方式才能译出地道的文字。

第七章　英语专业本科生翻译能力培养策略

第一节　明确翻译教学目标，完善翻译教学课程

一、明确翻译教学目标，提升翻译教学质量

随着全球一体化进程的不断加快以及改革开放的深入，我国对翻译人才的需求日益增加。越来越多的专家学者开始重视翻译教学中对学生翻译能力的培养，例如穆雷指出，翻译教学的核心任务就是培养学生的翻译能力，而翻译能力的培养过程就是不断强化学生的认知，使其对翻译从知之不多到知之甚多的过程。全国《高等学校英语专业英语教学大纲》中提出，英语专业的培养目标是让他们能够熟练使用英语翻译教育、经济、贸易、文化、军事等内容，但目标过于宽泛和笼统，无法满足在特定情况下，到底该如何去评估这些目标的实现程度。如因学生的语言能力、师资力量和硬件设施不同的大学之间产生的差异，具体该怎么实现目标，该实现哪些目标?事实上教学目标决定教学的成败，教学的目标不同，教学效果也会不同。那么，翻译教学的目标和目的是什么呢?翻译教学的主要目的是让学生清楚地了解翻译的本质，让他们熟悉翻译的基本概念和问题，并培养他们的翻译能力。这就要求，翻译过程比翻译训练更为重要，所以在翻译训练中，教师要告诉学生，如何翻译比他们所翻译的内容更重要。学生在翻译教学中是否有明确的目标?一些学生并不清楚翻译培训的明确目标，几乎所有英语专业的大三和大四学生都开设了翻译课程，但课程目标对学生和教师都不明确。教师不知道学生要做什么工作，只能教他们一些基本的翻译技巧，学生也不知道翻译学习的目的，只能被动地学习教师要求的所有课程。

英语专业和专业翻译人才的培养目标有很大不同，对不同类型的学生应该采用不同的培训方法。中国翻译人员需求量很大，英语专业学生就是潜在的翻译人才储备，因此培养更多英语专业翻译人员的好方法是通过为英语专业学生提供更系统的翻译导向课程来提高他们的翻译能力。应明确和改变英语专业翻译教学的目标，以满足学生的不同需求。例如，某大学的英语专业毕业生通常在毕业后选择英语教师行业，那么他们的翻译课程学习主要是用来衡量他们目前英语学习的水平层次，针对这部分学生翻译能力的培养应该注重双语能力即语法、词汇等知识的习得，应该区别于专业翻译人员所需的系统翻译课程。某校一些英语专业的学生希望在毕业后成为翻译，并期望有更系统的翻译培训，针对这部分学生应该注意翻译六个子能力的协调培养，在双语能力达标的基础上，进行能力扩展。为了满足学生的不同需求，理论上可行的解决方案是为英语专业学生提供更多可选的翻译类课程。

为了明确培养英语专业翻译能力的目标，我们须要弄清楚学生的需求、即语言水平和社会需求。如果没有明确的目标，学生们都不知道他们应该做什么，也不知道在具体的翻译课程后是否达到了目标。明确翻译教学的要求、目标、内容和评价标准，有助于教师和学生了解自己在翻译教学中需要做些什么，更重要的是，目标应该是实际可行的，符合学生当前的具体情况。

二、完善翻译教学课程，加强翻译能力培养针对性

翻译能力是由语言、文化、文本、学科、研究和转换能力等要素构成的一种综合能力。按照常规来说，良好的语言能力、听说读写能力，是做翻译者的基本功。拥有极强翻译能力的人，必须从源语言中译码含义，然后把信息重新编码成目标语言。这都要求翻译者对语言语义学的知识以及对语言使用文化有一定的了解。除了要保留原有的意思外，一个好的翻译，对于目标语言的使用者来说，应该能以母语使用者说或写得那般流畅，并要符合译入语的习惯。

完善翻译教学课程，加强翻译能力培养针对性的策略如下。

（一）必修课程的设置

英语专业学生在翻译能力培养上的必修课程，应该是针对与翻译活动相关性

最强的子能力的培养，即翻译专业知识能力、策略能力和工具能力。根据这三个子能力各自的特征和要求，可在必修课中分别设置翻译专业知识教学板块和翻译操作教学板块，以此发展学生的翻译专业知识能力、策略能力和工具能力。

翻译专业知识教学板块旨在让学生掌握有关翻译的专业知识，翻译专业知识主要是陈述性的，包括翻译单元、所需的过程、使用的方法和程序（策略和技术）、问题的类型、工作市场知识（不同类型的摘要、客户和受众等）。这部分知识要求学生进行记忆并灵活理解，知识点多且较为枯燥，不涉及翻译具体操作。它是与翻译活动相关性最强的一个子能力，必须在教学安排中引起重视。本教学板块可开设翻译理论、翻译市场知识、翻译史等多门课程。

翻译操作教学板块旨在培养学生的策略能力和工具能力。翻译策略能力和工具能力主要体现在翻译的活动过程中，即对翻译专业知识的具体运用。对这两种能力宜以具体的翻译任务来带动学生策略能力和工具能力的培养。在教学安排上应多样化，以学生为翻译实践练习的主体，教师只起引导作用，负责布置任务和解决疑难。翻译操作教学板块是翻译能力培养体系中的核心和重点，在这个板块中，可分两个方向来设置课程：一是以翻译任务为导向的课程，如汉英翻译、英汉翻译课程等，以翻译实践练习来提高学生的翻译策略能力，即训练学生翻译能力的综合运用；二是以工具操作能力为导向的课程，如开设翻译信息检索课程、计算机课程等帮助学生提高翻译工具能力。

（二）选修课程的设置

在翻译习得过程中，各子能力是按照不同的等级组合起来的，在专业方向、学生基础水平、学生自主意识及学习环境中，有可能产生差异。此外，对于不同翻译专业领域，也许某一个子能力可能比其他更为重要，或者基于学生不同的就业需求，对翻译能力培养的侧重点也不同，为了满足学生多样化的学习需求，对与翻译行为本身相关性较低的子能力可采取选修课的模式来提供。学生可根据自身相关子能力的强弱情况或对某一子能力的特殊需求来选择课程，最终实现翻译能力的综合提升。

双语能力方面，学生可以根据自己的情况继续选修语言方面的课程。就外语而言，可以开设外语与汉语的阅读、写作、听说等高级语言课程，对翻译感兴趣的学生可选择阅读和写作来进一步提升语言能力。此外，针对目前中国大学外语专业学生普遍存在的汉语底子较弱的情况，鉴于翻译活动对汉语能力的高要求，在双语能力培养教学模块中应特别强化学生提升汉语语言能力的意识，并提供同等的汉语语言学习课程。语言外能力方面，旨在培养世界一般和特殊知识的学习，以提高学生的人文知识素养。世界的一般和特殊知识主要包括中外国家的历史、文化、政治、经济、宗教等相关知识。这一类课程设置可以按不同国家来开设，如中国文化概论、英语国家概况等。该板块旨在补充学生在翻译过程中所需的行业知识，对于每一个具体的翻译任务而言，所面对的必然是某一个行业领域内的文本，除了必须具备通识类百科知识外，还必须具备该行业领域的专业知识。学生可以选择自己感兴趣的一两个领域进行学习。如四川外国语大学，针对所有英语专业的学生都开设了辅修专业，必须选择某一领域进行相关的行业知识学习，为学生的就业做了积极的准备。该类选修课程可由相关院系来提供，课程内容可以中英文对照阅读材料的方式来进行，辅以相关领域的翻译实践练习。此外，翻译专业课程设置是一项精细而庞杂的工作，本书提出了可供操作的思路，至于具体开设哪些课程、开设的顺序以及每门课程的课时数，还须要结合各院校的具体情况以及教学的需要做进一步探讨。如东北石油大学，可以开设石油行业的选修课程，因为作为石油类院校，石油专业是特色，有能力开设也有优势开展英语石油类选修课。

第二节　改进翻译教学方法，完善翻译教学内容

一、改进翻译教学方法，提高翻译能力培养效率

苏联学者伊·安·凯洛夫（N.A.Kaiipob）认为教学方法是指教师的工作方式和由教师决定学生的工作方式。合理的教学方法可以帮助教师更好地完成教学目的，实现教学内容，使学生得到良好成长。教学有法，但无定法，没有规定的完美教学方法，翻译教学也是如此，没有所谓的最好的最正确的方法，而只能尝试在分析相关文献和观察学生实际学习情况的基础上，结合相关翻译教学理论，提

出一些有益于提高学生翻译能力的翻译教学法。

突出翻译能力培养的重点。在翻译教学方法中要涵括六个子能力的培养，在学生双语能力基础上，进行上位能力的针对性培养。具体说来，无论是教学内容的选择，还是教法的运用，既要结合翻译自身的理论，又要考虑各个子能力的发展态势。譬如在翻译教学中要考虑每个子能力的特点选择最适宜的教学方法。

倡导过程式教学法。翻译教学的过程教学法是发展翻译能力的有效途径之一。过程教学法中启发学生的主体意识，不再依靠大量的翻译实践来积累翻译经验去提高翻译能力，让学生在翻译活动中学会解释和判断自己的策略和选择教师。不规定学生如何去操作进行翻译，而是让学生自己在课堂上体会译者的思维活动、知识运用，并充分体会从原文的理解到译文的表达这一转换过程中经历的几个翻译阶段。过程教学法使学生参与整个课堂翻译教学，体会在整个翻译过程中需要随机应变和灵活地运用翻译技巧，策略性地做出自己的选择，提高学生在教学中发现问题、解决问题、总结问题的能力，同时引导学生进入真实的翻译情景，体会语境是翻译中的重要因素，并为正确的选择和表达意义提供了根据。

教师在课堂的作用是鼓励学生建立自信心、想象力，鼓励他们表达疑问。翻译课堂上重点不在纠正错误，而是结合译文及其翻译过程进行分析探讨梳理。在教师的引导下，学生对遇到的困难如何解决、如何取舍和选择等环节进行回顾，同时充分体会翻译技巧和策略在翻译实际中的灵活运用，而不是让学生在翻译练习中机械地套用学过的翻译技巧和策略。在整个过程教学中，教师和学生是合作互动的一个整体。学生在修改、完善译文的同时也扩展了视野、开拓了思路，从而提高了翻译能力。

倡导“逆向翻译”教学法。“逆向翻译”教学法强调翻译是一个非直线性的、探索的生成过程，重视以学生为中心，学生参与教学的全过程，教师的任务是启发指导学生进行分析和理解，起到指导监控作用，并辅导学生自行修改译文，相互比较使学生自我完成从实践到理论再到实践的学习过程。具体来说就是由课前作业、课堂对比讲解、课后验证练习、学生总结理论技巧、教师辅导概括等环节构成。

二、完善翻译教学内容，注重教学内容适用性

注重教学内容适用性。中国香港作为我国英语水平较高的地区，他们的翻译教学内容的设置有值得借鉴的地方。中国香港地区把小说翻译作为主要翻译能力培养的训练内容是基于当地的经济文化，当地居民的平均英语水平较高，他们起步就可以使用较难的小说原本，在借鉴他们翻译能力培养的教学内容之前，还应考虑本校学生的语言水平和师资力量等因素。我们也可使用小说原本，但不能盲目追求难的译本，可以先从较为简单的小说译本入手，打好基础。同时可以借鉴中国香港的本科教学“one-supervisor-to-one-student”的管理模式，一个导师可以指导几个学生翻译的文章。对不同学生进行针对化的指导，这有利于学生更好地明确自身翻译能力存在的不足，教师也可及时调整教学内容，提升翻译能力培养的效率。

此外，中国香港地区由学生组织和参加的翻译研讨会或讲习班已证明有助于提高学生的翻译能力。学生们可以在研讨会上分享他们在社会翻译实践中的翻译经验，如果可能，他们甚至可以邀请有经验的翻译人员在研讨会上发表演讲，这一点也值得学习。

第三节　运用翻译教学手段，构建翻译教学评价

一、运用翻译教学手段，增加翻译能力培养趣味性

运用现代教育技术手段。现代教育技术手段的革新，为外语教学提供了更灵活多变的教学手段。多媒体、网络、语料库等在外语教学中广泛应用，不仅丰富了教学材料，也改变了传统单一的“黑板+粉笔+课本”的教学手段。多媒体的运用，可以让学生在教学活动中得到更直观的感受，多媒体网络系统把文字、声音、图片、视频等多种形式进行集成，知识呈现出静态（视觉）和动态（听觉）两种形式，带给学生更多的体验，方便了师生、学生之间进行交流。网络语料库包含大量信息和真实语料，易于操作和便于检索，也改变了外语教学的传统教学手段，不仅用于编写教材，还用于研究学习语言，尤其是课堂教学中，语料库将

大量有真实语境意义的实例以数据或语境共享的形式呈现，有助于学习者进行知识认知和建构。可以说，现代教育技术所带来的方法手段的变化，大大提高了教学效率。

信息技术已经渗透到我们生活的各个方面，包括翻译能力培养。在今天的翻译行业，翻译的角色不仅需要语言文化技能、人际交往能力，还需要IT（信息技术）技能，包括文字处理技能。使用工具可以更好地完成翻译任务，如翻译记忆工具、术语软件和互联网等。诚然，良好的双语能力是翻译的先决条件，但我们不能否认，现代社会的专业翻译总是需要打字的材料，没有电脑的帮助，通常不能完成。即工欲善其事，必先利其器。正如Pym所说：“现在，我们经常听到学生们真正需要的是文档管理、软件本地化、桌面搜索、解压缩工具等方面的技能。”此外，互联网上有大量资源可供学习者作为翻译能力培训的学习材料。这些学习材料的频繁使用将有助于翻译学习者提高双语能力，建立个人术语数据库，扩大他们在其他领域的知识等。网络可以为学生提供大量的真实材料，可以作为学生翻译训练的学习材料。

二、提升翻译教师素质，促进翻译教学水平

教师在教学活动的全过程中起着至关重要的作用。一个好的教师是教学质量的保证。作为一名合格的翻译教师，首先，应具备扎实的母语和外语知识基础，熟悉语言学、文学等相关学科知识。其次，在教学中教师要树立翻译能力意识，认识到翻译能力的重要性是学生认识到这一重要性的基础。以此为指导，教师就可以很容易地发现学生在翻译能力方面的弱点。最后，教师要想胜任翻译教学，就必须掌握不同的翻译理论，指导学生的翻译实践，帮助他们分析翻译实践中的问题。在提高欣赏翻译作品的能力外，他们还需要拥有不同领域的知识，可以给学生一个生动的课堂，从自己的翻译经验提供新鲜的例子。

关于翻译教师的数量少，人才引进是一种常用办法，但是这需要一定的时间来进行，现有教师是更好的后备资源。对现有教师进行培训提升教师素质，是更为快捷的办法。这就需要教师平时通过各种途径继续保持学习。如学校可以提供教师继续教育，聘请相关领域的专家教授，安排教师进行受训，还可以开展相关的学术讲座，组织校内外教师教学探讨，和学生代表进行师生交流等活动。教书

育人是教师的使命和职责，每一位教师都应积极提升自身素质，持续改进教学质量，使翻译教学水平得以提升。

三、构建翻译教学评价，保障翻译能力培养质量

由于国内目前还没有一种全国认可的适合英语专业学生的翻译能力测试，因此评价和反馈对于监控翻译能力培养教学过程变得更加重要。一个好的评价不仅可以帮助学生认识到他们所学到的东西，还可以帮助教师根据评价和反馈调整他们的教学方法。没有一个好的评价，学生通常不知道在具体的翻译课程后，他们应该达到什么样的翻译水平。

教师的有效评价能够促使学生对翻译能力培养采取更加负责任的态度，学生的客观反馈有助于教师认识到自己教学上的优势和不足，从而提高自己的翻译教学水平。

翻译教师的考核评价。在教师教学方面，教师可以采取问卷的方式从学生那里得到反馈，或者直接询问学生对教学的反馈。这样，学生的反馈可以帮助教师更好地了解他们的教学过程，有助于教师对教学方法做出必要的调整，以实现更好的培训结果。在制度方面，教育主管部门在教师职称评审时可将教师的翻译成果作为翻译专业教师的教学考核内容，学校组织学生对教师的翻译教学进行打分评价，这样可以促进翻译教学质量，从而保障学生翻译能力培养的质量。

学生翻译能力的测试评价。一方面，要重视翻译考试，它是检查翻译教学和学习效果的手段之一,一套精心设计的试卷必须包括足够的指标以保证试卷的高效性，它可以准确地显示学生学习该课程的情况，同时可以在有效的翻译教学中发挥积极作用。然而，传统上，翻译试卷由句子翻译和段落翻译组成。这种翻译试卷缺乏特定的测试目的，只能涵盖有限的测试点，即构造效度低。它无法测试学生翻译能力的习得水平。如果这些翻译能力不能用于测试，有关这些能力的理论和技术的教学也就不会吸引学生。基于此，翻译试卷应该包含多种题型，如翻译评价、错误纠正、问答题和翻译理论等。甚至可以按照六个子能力各自的特征进行模块测试，各种类型的问题可以帮助测试学生掌握不同的能力。翻译测试的目的是测试翻译能力，测试不是目的，而是推进学习的好方法。

另一方面，教师可以将学生翻译课堂上的表现纳入学期成绩考核，改变单一

的只注重最终期末成绩的评价形式，以此来控制学生在翻译课堂上的参与度，唤起学生学习的积极性。可采用多元主体的评价方式，将学生的自我评估纳入评价体系，有利于让学生看到自身在英语翻译学习中的欠缺，进而促使其有针对性地进行纠正并调整学习的重心，把握自身学习的关键，提升学习效率。从多个角度考量学生的翻译水平，有利于促进学生翻译能力的发展。

第八章　基于新文科视域的外语学科建设及翻译人才培养策略

第一节　基于新文科视域的翻译学战略任务与实施路径

一、翻译学服务国家和建设学科的战略任务

学科建设是学科自身发展能否系统化、规范化，更好地服务国家和社会的关键，包括“学科体制建构、学科队伍建设、学科环境建设、学科理论研究、学术成果评价、推介和社会转化等方面”。翻译学作为新文科的一员，肩负着服务国家和加强学科建设的战略任务。

（一）翻译学服务国家需要的战略任务

翻译学的学科性质和学科地位在现代才得以明确。中华人民共和国成立后，翻译一直积极服务于我国的经济、文化建设，为改革开放和文化交流做出了突出贡献。随着我国国际地位的上升，商务翻译、外交翻译、法律翻译等领域都得到了长足发展。如今我国进入新时代，建立了新的国家战略目标，翻译学的战略任务首先是服务国家需要，通过研究翻译活动、探讨翻译规律，进而推动翻译实践的发展，为实现中华民族的伟大复兴和建设社会主义现代化强国贡献学科力量。

（二）翻译学做好自身学科建设的战略任务

1972 年詹姆斯·霍姆斯（James Holmes）在第三届国际应用语言学会议上首次以“Translation Studies”命名翻译学,对翻译学的研究目标、研究范围和基本框

架提出了详细的构想，是翻译学成立的标志。到 20 世纪 80 年代，翻译工作者们才有了学科建设意识，掀起了一场关于翻译学的大讨论，从学科性质和内涵的提出到学科框架和分支的搭建都有涉及，为翻译学的建立奠定了初步的理论基础。2004 年上海外国语大学首次设立翻译学二级学科学位点，这是我国翻译学成为一门独立学科的标志。如今翻译学在我国独立成为学科已有多年历史，学科体制逐渐完善，翻译队伍不断壮大，全体翻译学人服务“中国文化走出去”和“一带一路”建设的干劲十足，不仅翻译了鲁迅、莫言、金庸等近当代作家的一系列文学作品，而且翻译了《论语》《齐民要术》《本草纲目》等一批中国传统典籍。由此看来，翻译学的学科建设越好，服务国家和地方的能力就越强。

二、翻译学完成战略任务的实施路径

为了更好地完成服务国家和建设学科的战略任务，笔者提出翻译学的五条实施路径，下面依次展开。

（一）译好中国故事，推动中国文化更好地走出去

翻译学应该发挥学科优势，译好中国故事，推动中国文化更好地走出国门，走向世界。中国文化涵盖的范围异常宽广，涉及中国文学、史学、哲学、工学、医学、艺术、实学等诸多领域。译好中国故事，首先要解决“译什么”的问题。接下来仅就几个方面展开论述：

一是文学翻译。中国文学是中国文化和人文情怀的主要载体之一，承载着中华几千年的民族精神、国人思维和叙事方式，是世界了解中国的主要途径之一。由于“文化在当今社会中的优先性和决定性使得具有文化生产属性的文学翻译在对外传播中仍占据主导话语地位”。我国文学作品，无论是传统文学还是当代文学作品的翻译，都是塑造国家和人物形象、传播中国文化的重要手段。

二是思想翻译。儒家思想是中国文化的内核，对塑造国人精神世界、价值观念和行为处事准则等方面产生了深厚的影响，是中国传统文化不可分割的重要组成部分。

三是医学翻译。我国自成体系、传承至今的中医具有浓厚的传统文化韵味和独特的优势，中医文化的继承推广和中医典籍外译是当前和未来推动中国文化走

出去的重要途径之一。中医"望、闻、问、切"的诊断方式,"阴阳脉""精气"等医学概念和"熟地""当归"等中草药名称如何翻译,需要中外译者共同努力,汇集智慧,做好翻译。

四是文化翻译。我国独具特色的中华武术、戏曲、茶艺、美食和地方文化等是中国文化的多元体现,需要通过翻译推动传统文化的对外传播。

总之,译好中国故事,助力"中国文化走出去",为实现中华民族的伟大复兴和提升中国软实力贡献学科力量,既是翻译学的光荣使命,也是义不容辞的责任。

(二)服务"一带一路"建设,与沿线国家合作共赢

"一带一路"建设需要我国与沿线国家进行良好的交流合作,这一过程不可避免地涉及多民族、多宗教、多语言交流的问题。这时便需要翻译发挥作用,为中外交流合作提供语言服务,在增进中国与沿线国家相互了解的同时,规避不必要的文化冲突和意识形态的冒犯,为"一带一路"建设保驾护航。21世纪以来,我国在当今世界经济一体化、构建人类命运共同体进程中扮演着越来越重要的角色。

历史的车轮滚滚向前,唯有与时代同行,积极投身于"中国文化走出去"和"一带一路"建设及语言服务中,翻译学才有可能永葆生机与活力,形成自己独特的社会价值和学科价值,增强学科独立性和对社会的贡献力。

(三)打破壁垒,实现跨学科发展

翻译科学是一门跨学科的综合性很强的学科,翻译的跨学科特性和翻译活动的跨文化属性,决定了翻译学必须打破学科壁垒,谋求多元发展。翻译与社会发展紧密相连,也与推动历史发展和社会进步的哲学社会科学紧密相连。

翻译学在保持与语言学、历史学、文学等学科良好互动的同时,还要加强与社会学、哲学、法学、政治学、民族学等学科的交流与合作,从其他学科中汲取养分,为自身成长注入新鲜血液和学术能量,这是翻译学创新学科理论和保持学术活跃度的关键。

实现翻译学的跨学科发展,要始终坚持"一个中心,三个必须"。"一个中心"是要以翻译研究为中心,凸显翻译的核心地位;"三个必须",首先必须对纷繁复杂的学科类型加以甄别,舍弃不能帮助我们深化翻译学研究、促进学科良性

发展的无关学科。跨学科是指关系紧密学科之间的交叉与融合，而不是随便的“拿来主义者”。其次，必须平衡好翻译学内部各研究分支的关系，也就是要协调好各研究分支的研究力度和发展速度，力求翻译史、翻译理论、翻译批评、翻译政策、翻译技术等研究分支均衡发展，共同发力，才能推进翻译学的整体建设和健康发展。最后，必须树立正确的科研观念，培养广阔的学术视野，不仅要有跨学科意识，而且还要有跨时代、跨国界意识。古今中外，研究理论和研究方法没有贫富贵贱之分，要学会各美其美，美人之美。做到古为今用，洋为中用，实现我国翻译学的长足发展，开展中、西学术圈平等对话，共同构建翻译学学术共同体。

（四）借助新技术，发展新业态

21 世纪以来，在人工智能技术第二次热潮的推动下，机器翻译在科技、经济、政治、财政、医学等众多领域应用广泛，不仅大大提高了翻译效率，而且扩大了翻译学的研究领域。翻译学呈现出跨学科交叉研究的态势，研究路径日益多元化。包括科学仪器在内的技术手段被相继应用于翻译研究中，使翻译研究范式有了新的变化。在霍姆斯的翻译学框架图中，描写翻译研究通常包括三种类型：以产品为导向、以功能为导向和以过程为导向。随着高科技和人工智能的快速发展，翻译认知过程研究采用了一些原本应用在心理学、医学、计算机等学科领域的仪器和技术，如键盘记录技术和眼动仪等，深化了翻译的认知过程研究。键盘记录技术的诞生和应用有效弥补了翻译界对翻译过程研究的局限性，通过软件记录译者在翻译过程中的各种键盘活动，如输入、删除、停顿、添加等，有助于人们在获取数据的基础上进一步分析译者在翻译过程中的思维活动和决策过程，使翻译过程研究获得了更加客观、全面、有力的数据支撑。眼动跟踪技术是翻译过程研究的另一种高科技，通过记录眼睛在观测文字、图片、视频等信息时的运动轨迹，推断人们在处理这些信息时大脑的运作过程。近年来，通过眼动仪对译者在翻译过程中眼睛在电脑显示屏活动轨迹的实时记录和检测，能够客观描述译者在进行翻译工作时的特征和规律，有助于进一步了解译者的认知机制和翻译过程。键盘记录技术和眼动仪在翻译过程研究中的应用，使原本抽象的人工翻译行为变得更加可视化和具象化，创新了翻译研究路径，同时丰富了翻译学研究的内涵和外延。新时代赋予翻译学新的历史使命，翻译工作者必须掌握前沿的学科研究范式，保持敏锐的感知力和观察力，使新技术更好地服务翻译学，积极发展新业态，加大科研创新力度，为翻译学学科建设开辟更加广阔的空间。

综上所述，在新时代新文科视域下，翻译学首先要服务国家战略目标，发挥翻译学科优势，推动中国文化更好地走出去，助力“一带一路”建设，与沿线国家合作共赢。其次要做好翻译学科自身建设，重视佛典汉译研究，构建具有中国特色的文章学翻译理论和话语体系；打破学科壁垒，实现翻译学的跨学科发展；运用新技术，发展翻译新业态，为拓宽翻译学领域奠定技术基础。我们坚信，只要广大翻译人只争朝夕、攻坚克难、孜孜不倦、持之以恒，就一定能够服务国家战略，成为“中国文化走出去”主力军，为“一带一路”建设发挥语言优势，同时做好学科建设，讲好中国译学故事，构建中国译学话语体系，从而推动中国译学走向世界。

第二节　基于新文科视域的外语学科建设

一、新文科视域下外语专业人才培养

（一）新文科视域下外语专业人才培养目标

中华人民共和国成立以来，我国外语专业人才培养主要以培养技能型外语专业人才和通用型外语专业人才为目标。前者侧重于学生听、说、读、写、译等语言基本功的培养，后者强调培养具有很强外语应用能力，精通外国语言文学与文化的外语专业人才。应当指出，这些人才培养模式在特定历史时期满足了社会对外语专业人才的需求。然而，自 21 世纪以来，我国社会的发展日益融入经济全球化发展的浪潮中，国际交流和合作越来越广泛和深入，由原先单一的外事和对外文化交流层面拓展到政治、经济、教育、军事和科学技术等层面，而且我国在全球治理和国际事务方面发挥着越来越重要的作用。这一新形势的发展需要培养精通外国语言文学和文化，掌握相关专业知识，且熟谙中外文化差异和国际惯

例的复合型高端外语专业人才，而技能型和通用型的外语专业人才培养模式显然不能适应新形势发展的需要。鉴于此，外语专业人才培养应当对接新文科发展战略，以语言文化教育与研究为本，培养体现学科交叉尤其是知识结构实现文理交融的复合型外语专业人才。这不仅是对新文科发展和社会需求的主动呼应，而且也是外语学科发展的内在要求和外语专业教育本质属性的体现。

当代人类社会面临越来越复杂的社会问题或科技难题，这些问题仅靠单一学科知识无法解决，而需要多学科共同参与。因而，许多跨学科研究或交叉学科研究领域先后诞生，语言学、文学和翻译学等外语学科的分支学科已开始与社会学、经济学、文化理论、法学和心理学等学科交叉，并产生了一些全新的分支学科或跨学科研究领域，如生态语言学、神经语言学、认知翻译学等。然而，要成功实现外语学科内部以及外语学科与其他学科之间的融通，则需要一大批精通外语语言文学，掌握另外一门相关专业知识和技能的复合型人才。

应当指出，外语专业教育不仅具有人文性，而且具有科学性。如果说外语专业教育如同一枚硬币，人文性和科学性就如同它的两面，两者之间联系紧密，缺一不可。外语专业教育不仅应关注生命的价值和人的生存意义，强调培养具有家国情怀和国际视野的外语人才，而且也应倡导采用科学的方法和科学的精神探讨语言教育和语言本体的特征与规律，尤其是大脑的语言发生机制。为此，在新文科视域下，外语专业教育既要推进外语学科与人文社会学科之间的融通，重视学生人文素养的培养，也要推动外语学科与计算机科学和医学等理工学科之间的交叉与融合，强调学生科学素养和科学思维的培养。具体而言，我们可以设置信息技术、数据挖掘与分析技术、地理信息系统技术等方面的课程，培养学生运用新技术对人文社会科学问题进行分析的能力以及应用人文社会科学理论探讨新技术出现的问题的能力，真正实现文理交叉。

（二）新文科视域下外语专业设置

为培养知识结构实现文文融通和文理融通的复合型外语专业人才，我们应当设置体现学科交叉与融合的专业，具体包括文文交叉专业和文理交叉专业。必须指出，目前一些高校所设置的“外语+机械”“外语+工程”等专业并非真正意义上的外语专业，而是机械专业或工程类专业，学生只是上了加强版的公共外语课程。在这些专业设置中，外语仅为外语技能训练，其他专业与外语专业之间不存在有机的联系。新文科视域下外语专业设置应以外国语言文学专业为主，其他专业为辅，而且其他专业应与外语专业存在有机的联系。

1.文文交叉专业

文文交叉专业是指外国语言文学专业同另一文科专业之间的交叉，旨在培养精通外国语言文学，掌握另外一门文科专业知识和能力的复合型外语专业人才。这类专业涵盖外国语言文学专业与外国历史、外交学和国际法等文科专业的交叉和融合。一般而言，外国语言文学专业知识涵盖具体对象国的文学史、社会发展进程、文化传统和风土人情以及双语转换规律等。政治学、外交学和法学研究均离不开对话语的分析，而话语的分析正是外语专业擅长的领域。显然，外国语言文学专业与这些专业的交叉在学理层面既是合理的，也是可行的。

2.文理交叉专业

文理交叉专业是指外国语言文学专业同理科专业之间的复合，其设置的目的在于培养精通外国语言文学，掌握一门理科专业知识和能力的复合型外语专业人才，具体包括"语言学+人工智能"、语言病理学、语言科学与技术、语言数据开发与应用等。"语言学+人工智能"专业旨在培养精通语言学，掌握语音识别、语音合成、机器翻译和文本处理等相关知识和技能的复合型外语专业人才。语言病理学专业则在系统传授语言学专业知识的基础之上，教授学生关于语言障碍及其修复的知识和技能。语言科学与技术专业侧重于培养精通语言学基本理论、掌握文本处理技术的复合型外语专业人才。语言数据开发与应用专业旨在培养精通语言学，熟练掌握语言数据开发与应用的原则、方法和路径的外语专业人才。

（三）新文科视域下外语专业人才培养模式

人才培养模式是指根据人才培养目标，为学生构建的知识、能力、素质结构和实现这种结构的方式。新文科视域下外语专业人才培养模式主要表现为复合型培养模式，即教学大纲和课程设置实现两种或两种以上学科知识的交叉和融合的培养模式，包括跨学科专业和"主修专业+辅修专业"两种方式。跨学科专业是指以外语专业课程为主，其他专业课程为辅，将外语专业课程和其他专业课程进行有机整合，形成跨学科专业，如将语言学课程和信息技术课程进行组合之后形成的语言科学与技术专业这一跨学科专业。“主修+辅修”方式是指学生在学习主修专业的同时，选修辅修专业。语言数据开发与应用专业可以采取学生主修语言学专业，辅修计算机专业的培养方式。

语言病理学专业既可以采取跨学科专业培养方式，也可以采取“主修+辅修”的方式。有必要指出，跨学科专业对进行组合的不同专业之间的匹配度要求较高。只有这些专业之间存在紧密联系或亲缘关系，才能将这些专业的知识进行有机整合并融为一体。采用“主修+辅修”方式，学生可以在主修外语专业课程的同时，根据自己的兴趣选修辅修课程。该方式对主修专业和辅修专业之间的匹配度要求不高，但学生须要同时选修两门专业的主要课程，学习负担较重。

本质上，新文科是把新技术融入哲学、文学、语言等诸如此类的课程中。因而，新文科视域下外语专业人才培养应当重视新技术的应用，尤其是信息技术和人工智能技术的应用。

我们不仅可以开设以外语专业为主，信息技术或人工智能技术相关专业为辅的外语专业跨学科专业，而且可以将与大数据技术、信息技术或人工智能技术相关的课程有机融入现有外语专业课程体系之中，以培养学生的信息技术素养。我们还可以利用信息技术和人工智能技术建设外语课程学习平台和教学平台，并将该平台直接应用于外语专业课程教学之中。事实上，包括语料库技术和文本数据挖掘技术在内的信息技术的应用可以将外语专业课程教学建立在大量事实观察和数据分析的基础之上，外语专业课程教学因此更加直观、客观、科学。

二、新文科视域下外语学科学术研究

新文科之所以“新”，不仅体现在新文科强调培养文文交叉和文理交叉人才，而且也表现为新文科倡导文科内部以及文科与其他学科在学术研究层面的融通。为此，新文科视域下外语学科学术研究应当走学科交叉尤其是文理交叉的发展道路，从而推进语言学、文学和翻译学等的跨学科研究。这既是顺应当代跨学科研究和交叉学科研究发展潮流的要求，更是培养复合型高端外语专业人才的重要前提。

（一）新文科视域下语言学研究

语言是人类社会最复杂的现象之一，既与人脑和声波相关，也涉及社会文化和人类社会发展的历史。因而，以语言为研究对象的语言学不仅关注语言的生理属性和物理属性，而且也研究语言的社会属性。自 20 世纪下半叶以来，语言学研究在经历一个多世纪的语言本体研究阶段之后，呈现越来越显著的与其他学科交叉与融合的趋势。一方面，语言学与人文社会科学交叉并形成一些语言学分支学科，如社会语言学、心理语言学和人类语言学等；另一方面，语言学与数理统计和计算机科学等进行交叉，产生数理语言学或计算语言学等分支学科。鉴于此，新文科视域下语言学研究不仅应推进语言学与人文社会科学内部其他学科之间的交叉，而且还应当以语言文化研究为本，以信息技术的应用为基础，从信息科学、数据科学、计算机科学和神经科学视角开展语言学研究，如计算语言学、语料库语言学、神经语言学和语言智能等领域的研究。目前，国内外语言学分支学科林立，学派之间壁垒森严，每个学派往往只从自身理论视角对语言现象进行分析，往往失之于片面，从而削弱了自身理论解释的充分性。然而，开展语言学的跨学科研究不仅能够拓展语言学研究的疆域，丰富语言学研究的内涵，而且能够打破语言学分支学派之间的壁垒。

应当指出，人类社会进入 21 世纪以来，话语研究在人文社会学科中占据越来越重要的地位，新闻学、外交学和法学等社会科学学科均出现话语转向，为此，我们可以采用语料库技术和文本数据挖掘技术对新闻话语、外交话语和司法话语进行研究，在大量语料观察和数据统计的基础之上，分析这些话语的属性和特征及其构建的中国形象，揭示这些话语背后的新闻原则、外交思想和法律思想等。我们可以采用语料库方法，分析老年人和精神疾病患者等特殊人群的话语特征，探讨这些话语特征与老年人疾病和精神疾病之间的相关性，并以此为基础研制老年痴呆症和精神疾病的智能诊断系统。我们还可以开展基于语料库的中国特色话语研究，深入分析中国政治话语、外交话语和军事话语的语言特征和话语构建策略，为中国特色话语的对外传播提供理论支撑。

（二）新文科视域下文学研究

文学研究是关于文学文本特征、文学与社会和文化以及与文学活动相关的人类精神和情感等领域的相互关系研究。自诞生之时，文学研究便具有跨学科特性。学界常常以社会学、宗教学、政治学、法学、伦理学和人类学等人文社会科学知识为依据对文学进行阐释。

近年来，学界开始尝试利用认知科学、心理学、神经科学、计算机科学和数据科学等自然科学知识和理论来分析文学现象和文学理解过程，如认知文体学、文学语言学等。在新文科视域下，文学研究同其他学科研究之间的交叉融合、研究方法的多元化和信息技术的应用成为文学研究的重要特征。为此，我们应当大力推进文学研究与其他人文社会学科之间的交叉与融合，开展文学与宗教、文学与政治、文学与法学、文学语言学、文学社会学、文学伦理学和文学人类学等领域的研究。

文学与宗教、文学与政治、文学与法学等领域的研究侧重于分析文学与宗教、政治和法律之间的互动关系。文学语言学以文学作品语言为研究对象，系统地分析文学语言的地位、作用、性质、特征、类型、风格，以及文学语言的接受等理论问题。

文学社会学即采取社会学视角，运用社会学理论和方法对文学作品、文学活动进行研究。文学伦理学是借鉴伦理学方法，从伦理的立场分析文学作品、作家以及文学相关问题的批评方法。文学人类学是指从人类学与文学之间相互关系的角度对文学作品或文学现象进行批评的方法。另一方面，我们应重视语料库技术和数据挖掘技术在文学研究中的应用，开展基于语料库的文学作品、作家、文学理论和文学史等领域的研究。基于语料库的文学作品研究涵盖文学作品的文体特征、主题与意义、人物形象、创作技巧与手法以及文学作品的接受与传播等领域的研究。基于语料库的作家研究采用语料库方法，在作品分析的基础上探讨作家的创作风格及其创作理念。基于语料库的文学理论研究主要包括文学流派理论研究和语料库叙事学研究。前者旨在采用语料库方法对具体文学流派的文学作品在叙事结构、创作手法和创作风格等方面所呈现的趋势和特征进行分析，探讨该流派创作理念和主张是否体现于其创作实践之中。语料库叙事学是采用语料库方法分析叙事文本形式与结构以及叙事效果的研究，其研究领域包括叙事视角、叙事结构、人物塑造方式和叙事进程等。基于语料库的文学史研究则以语料库的应用为基础，分析文学发展的过程和规律，探讨文学发展与社会文化因素的关系以及本民族或本国文学与其他民族或其他国家文学之间的关系。应当指出，文学研究走跨学科发展道路是大势所趋。采用不同研究方法和不同研究视角对文学现象或文学事实进行阐释，我们可以对习以为常的现象或经典问题进行全新的审视和解读，发现全新的研究问题。

（三）新文科视域下翻译研究

与其他人文学科相比，翻译学是最具跨学科特征的学科，它既涉及人文科学，如翻译美学、翻译诗学、翻译文化史，又关涉社会科学和自然科学，如翻译社会学、认知翻译学和机器翻译研究等。此外，新文科视域下外语学科的学术研究要求走学科交叉尤其是文理交叉的发展道路。鉴于此，新文科视域下翻译研究应当以跨学科研究为主要发展路径。

其一，我们可以从人文学科视角对翻译现象或翻译事实进行阐释，探讨翻译本质和翻译的规律性特征。我们可以依据相关哲学思想，阐述翻译的本质、翻译与意义的关系及译者的主体性等理论问题，从阐释学角度探讨翻译文本意义的理解过程和翻译的主体间性，从美学角度分析翻译作品的创造性和美学价值。我们可以运用有关语言学理论和原则分析翻译文本的语言特征、译者风格、翻译策略和方法及翻译过程等。

其二，我们可以从翻译与社会、翻译与伦理、翻译与意识形态以及翻译与心理等层面探讨翻译的本质和翻译的规律性特征，推动翻译社会学、翻译伦理学、批评翻译学和翻译心理学等领域的研究。翻译社会学形成于翻译学与社会学之间的结合，旨在分析各种社会因素对翻译的影响，探讨翻译的社会历史、社会文化、社会机制和产业化等问题。翻译伦理学是伦理学原理在翻译领域中的具体应用，是关于译者的权利、责任和义务，以及译者所遵循的价值准则和规范的研究。批评翻译学是翻译学与批评话语分析之间的有机结合，是指在描写性译学框架下，依据批评话语分析的相关理论和原则，揭示翻译与意识形态之间互动关系的研究。

翻译心理学产生于翻译学和心理学的交叉，研究译者双语思维的加工模式、译者的审美心理因素和译者翻译过程中的心理活动特征和规律。

其三，我们可以推动翻译研究与计算机科学和信息科学的交叉与融合，利用以语料库技术、数据挖掘技术和地理信息系统为代表的数字技术开展数字人文视域下翻译研究，应用键盘技术和眼动追踪技术开展翻译过程研究。数字人文视域下翻译研究是数字技术与翻译技术交叉融合之后形成的翻译研究范式，其研究领域主要包括翻译文本研究、译者研究、翻译史研究和翻译教学研究等。具体而言，我们可以开展基于语料库的翻译概念史、翻译与中国形象、译者风格、翻译规范、批评翻译学和口译等领域的研究。我们可以利用文本数据挖掘技术，探讨学界或普通读者对具体翻译文本的关注热点、认知和态度，利用地理信息系统技术分析具体翻译作品传播的路线与趋势。

键盘记录技术是指采用软件记录人们写作或翻译过程中使用键盘具体情况的技术。眼动跟踪技术是指采用眼动仪器测量和记录受试者在观察特定刺激材料时眼球的注视点和眼球运动。利用这些技术，我们可以分析翻译行为过程，探讨译者认知加工的单位，即翻译单位，研究译者的认知活动、翻译认知负荷和翻译过程的阅读模式等。

三、新文科视域下外语学科师资队伍的建设

新文科视域下外语学科应当以语言文化研究为本，着力培养知识结构实现学科交叉尤其是文理交叉的复合型外语专业人才，大力开展跨学科研究。然而，这些目标能否成功实现，直接取决于我们是否拥有能够满足新文科建设和发展需求的外语学科师资队伍。为此，我们应从以下几个方面入手，着力建设能够对接新文科发展的外语学科师资队伍。

首先，我们应当根据新文科建设的目标，有序引进复合型外语专业人才。复合型外语专业人才是指具有两种或两种以上学科知识、能力和素养的人才，其中外语学科为主，其他学科为辅。这些人才的知识结构已实现外语学科与另外一门学科知识和技能的有机融合，故而常常可以从其他学科的独特视角发现通用型外语专业人才或其他学科专业人才所不能发现的外语学科研究课题。而且，这些人才是建设新文科的重要前提。具体而言，语言数据开发与应用研究须要精通数据开发与应用和自然语言处理等学科知识的外语专业人才，而数字人文视域下翻译研究则须要精通语料库或数据库建设和应用的翻译研究人才。

其次，我们应当加强现有师资的培养，通过在职攻读学位和国内外研修等

方式，帮助教师了解互联网技术、数据挖掘与分析技术、地理信息系统建模等方法，使他们具备科学分析思维，习惯并擅长运用新技术对人文社科类问题进行再发现、再解析，真正实现文理交叉、多学科交融。

再次，我们应当对现有教学院系进行重组，组建跨学科教学团队和研究团队。目前，国内高校院系等二级办学单位和科研机构基本上都以学科为基础设置，院系之间缺乏实质性交流与合作，这使得学科资源共享和跨学科研究面临诸多障碍。而且，国内高校资源配置、人事聘任和考核评价等均以院系为单位，条块分割的管理体制加剧了学科之间的隔阂。为此，我们可以依据复合型外语专业人才培养的原则和外语跨学科研究的目标，在聘用复合型外语专业师资的同时，聘用相关学科的专业人才，增强外语学科与相关学科师资之间的交流与融合，以构建结构合理、文文交叉或文理交叉的新文科教师团队。

最后，我们应当探索建立符合新文科建设所需要的科研评价体系和教师职务职称评聘制度，实现教师评价的多元化，鼓励教师把更多精力放在复合型外语专业人才培养上，引导教师重视交叉学科研究，及时将科研成果转化为教学内容。

新文科是指对传统文科进行学科重组，实现文科内部以及文科与自然科学学科之间融通之后形成的文科。新文科强调培养复合型人才，开展文科内部以及文科与其他学科之间交叉的跨学科研究。为此，新文科视域下外语学科应当以外语学科为基础，着力培养知识结构实现文文交叉和文理交叉的复合型外语专业人才，大力推进以数字技术和信息技术为代表的新技术在外语学科学术研究中的应用，推动外语学科的跨学科研究，尤其是以文理交叉为特色的外语学科学术研究，着力建设外语学科跨学科教学团队和科研团队。

四、新文科视域下的大外语观及学科建设

外国语言文学学科（以下简称“外语学科”）隶属于文科领域，是以外语为基础而拓展的学科，其自身所具有的人文性及跨语际的属性特点，在培养家国情怀、提升人文素养和拓展国际化视野等方面发挥着不可替代的作用。“中国特色”和“世界水平”的“双一流”学科建设均需外语学科的辅助，才能加强国际交流，传播中国声音。在国家新文科建设以及“双一流”建设背景下，外语学科发展要紧跟时代变化，超前识变、积极应变、主动求变，创新学科发展模式，寻求

学科发展定位，积极参与培养“一精多会”和“一专多能”的高素质国际化复合型人才的学科专业建设。在新文科建设背景下，如何开展外语学科内涵建设以及如何定位外语学科人才培养任务以及外语专业发展方向是目前急须明确及解决的问题。

（一）新文科建设与外语学科发展任务

教育部高教司副司长徐青森曾指出，高教外语专业教指委应从“三个面向”指导外语专业建设：面向国家外交战略和对外交往的非通用语种人才培养，面向国家和经济社会发展对人才需求变化的复合型人才培养，面向国家对外开放战略和全球化背景的国家外语战略的发展。外语学科的改革要顺应国家学科建设的整体要求，敢于面对自身问题，积极参与自我解剖，结合国家需求来建设具有世界水平的学科体系。外语学科的内涵式发展建设是国家新文科建设的重要组成部分，也是新文科建设的整体要求。新文科建设要面向新的研究对象、新的研究范式和新的社会需求。新文科建设是以文科领域内不同学科为建设核心，以“学科整合、交叉互融、凝练特色、优势发展”为建设理念的文科创新式发展模式，其本质不是建设新学科，而是在现有文科的基础上打造具有中国特色理论水平和学术水平的国际化文科学科群。外语教育是高等教育国际化发展的基础。外语学科要积极投身学科创新改革及新文科建设，以此来适应当前高等教育国际形势的整体发展需求。

1.服务国家发展及社会需求

外语学科建设要以高等教育整体要求为指导，在满足社会需求的同时，还要具有预见性，能够引导学科建设的发展方向。外语学科的发展一方面要满足国家战略需求，为社会服务，另一方面要满足学生个人发展需求。

学科建设的目标就是要解决国家和社会面临的理论和现实问题。外语学科在引进国外先进技术和管理经验等方面发挥了重要作用。随着政治经济的发展以及外语教育的普及，国家对外语学科有了更高的要求。外语学科一方面要加大语种数量，提高外语人才的语言水平；另一方面要为提升个人及国家的语言能力提供积极的理论支撑和实践保障。

2.服务中国“走出去”发展战略

我国大力倡导的“一带一路”及“人类命运共同体”倡议为外语学科的内涵式发展提出了新的要求，同时也为外语学科的发展创造了机遇和挑战。

这些国家发展倡议在具体的实施过程中都需要外语学科在基础理论研究和人才培养方面提供支撑。目前我国高层次英语人才极度缺乏，特别是精通中外文化的优秀翻译人才更是凤毛麟角。外语学科要对接国家发展战略，就要为国家培养既懂外语又具有工程、法律、贸易等方面知识的复合型人才。然而，这种“外语+”复合型人才的培养不是单靠外语专业就可以完成的任务，外语学科必须通过学科和专业建设改革，加强与相关学科的合作，共同服务国家战略需求。同时，外语学科专业应主动承担中国文化的国际传播任务，依靠外语的媒介作用，讲好中国故事，传播中国声音，助力中国文化“走出去”发展战略。

3.服务“双一流”建设要求

高等教育国际化是经济全球化发展的必然结果，同时也是“双一流”建设的重要指标。以往外语学科的目标是培养外语人才，为国家提供语言服务。然而，这种以培养语言技能为主要目标的外语教育已经不能满足国家对建设“世界一流大学”和“世界一流学科”的需求。高等教育国际化主要体现在高校教师的国际化、高等教育课程的国际化以及学生的国际化。语言是与世界交流的基础，外语水平的提高则是国际化的前提。外语学科要积极求变，以应对当前国际教育发展形势，服务于国家“双一流”建设。然而，须要注意的是，虽然英语在国际上占有重要地位，但国际化绝不是英语化，而是要全面系统地建设包括其他语种在内的外语学科体系。

4.提升外语学科自身内涵建设

外语学科在非外语类院校大多属于“边缘学科”，在教育资源分配上无法与其他学科享受同等待遇。外语学科一直面临着发展困境。“学科是人类对知识体系进行范畴化的结果”，学科的划分标准具有一定的主观性，不同学科之间并不存在严格意义上的边界，其自身就是一个开放性的体系。学科建设不能故步自封，须要在遵循事物客观发展规律以及学科发展的逻辑规律指导下，对学科结构进行重组、整合和优化。

（二）大外语观指导下的外语学科内涵建设

在新文科建设背景下，外语学科要跳出传统单纯语言类人才定位的束缚，就要结合自身的发展规律和逻辑，大力开展学科创新及内涵建设。周毅和李卓卓（2019）指出新文科建设可以遵循新交叉、新功能、新范式、新路径四个特征开展。安丰存和王铭玉（2019）也指出，新文科建设所具有的标志性特征应体现在“大、新、融、跨、特”等方面。外语学科要在新文科整体建设思路下，树立大外语观，这是新文科建设内涵的体现，也是外语学科体系建构的时代要求。要打破原有对外语学科认识的禁锢，从更宏观的角度审视外语学科建设及外语专业定位，扩大学科内涵容量，把外语学科建设成为大学科。大外语观应从知识、文化、能力、技术及认识等维度综合考量。外语大学科建设要具有超学科特征，要有战略性和前瞻性，要放眼世界，扎根中国，以解决中国问题为学科建设的战略发展目标。

1.外语大学科建构内涵建议

前文已对我国现有外语学科语种分布、学科内涵以及人才培养方向单一的现状进行了说明，针对现有学科建设不足的问题，我们应该进一步凝练外语学科任务，结合语言所具有的资源性、人文性、科学性、工具性、民族性等多种属性特性，开展学科内涵建设。我国高等院校的外语学科建设不能同质化开展，而要针对语言的不同特征，结合高校自身办学定位以及地域特征开展差异化内涵式建构，实现学科和专业的多元化、多层次发展。外语学科建设必须树立文科整体意识，以一种超学科范式，来指导外语学科建设。在外语人才培养方面，外语学科专业应针对人才培养的分层、分类、分级培养理念，整合不同学科方向，以此来打造外语专业精英型、应用型、复合型、专门型人才的差异化培养。根据学科建设实际及人才的社会需求，外语学科可以依据语言的不同属性特征为核心打造不同的分支领域，要结合高校自身实际，突出历史传统、院校属性、区域特点和民族特征等来开展语种及学科方向定位，凝练特色，进一步探索可持续发展的优势及特色。

（1）外语教育学。等院校外语专业为适应我国基础教育阶段的外语师资需求而开设的专业方向，主要分布在师范院校及地方高等院校。近年来，对外语教育的学科设置呼声较高，主要有两种思路：一种是建设教育语言学学科，另一种是建设外语教育学学科。这两种学科设置思路均以超学科范式开展以语言教育为核心的学科建设，通过确立外语教育的学科主体地位，强化语言和教育之间的内在联系，形成外语教育研究的理论方法，进一步提升外语教育的效果。从本质上讲，看这两种学科建设思路只是学科名称上有所侧重，内涵基本相同。

外语教育学学科设置思路完全符合新文科建设要求，该学科以外语语言知识技能为学科基础，融语言学、教育学、心理学、教育技术学等相关学科理论知识和研究方法开展外语教育规律研究，具有明确的研究领域及发展方向，是大外语学科建设一种重要的发展模式。在高等教育国际化背景下，应从跨学科和超学科的视角进行外语教育改革，培养外语教育师资，以此保障国际化水平的提升。

外语教育学学科的设立可以确立外语教育研究的学科主体地位，有助于外语教育研究水平、外语师资水平及外语人才培养质量的全面提升。把外语教育这一传统外语专业方向做大做强，探索外语教育内涵式发展，是外语学科的支柱发展方向，同时也是新文科、大外语建设的整体需求。

（2）外语人文学。外语人文学学科定位及人才培养的立足点就在于外语的人文性特征，因此学科围绕“人文性”的研究及外语人才的人文素养培养是学科建设的核心任务。人文学科是人类知识体系的重要组成部分，与数理逻辑思维不同，人文素养体现在人格塑造、人文精神和人文情怀等方面。人文学科关系一个社会的价值导向和人文导向，关系一个民族的形象和精神的塑造。大外语观下的外语学科发展建设绝不能忽视外语的人文属性特征，同时，还要通过设置西方思想史、西方哲学史、世界文学史、语种对象国历史、文学等方面的选修课等，来体现外语学科所要求的人文性内涵建设及人才培养要求。以语言为核心，外语学科已经衍生出语言学、文学、翻译学和文化学等多种学科。目前，外语人文学是我国高校外语学科建设主体，基本围绕语言、文学、文化等方向开展。在新文科建设背景下，应针对对象国的历史、哲学、艺术等学科开展跨学科建设，从而提升外语学科建设的高度和深度，并提升外语专业建设与人才培养质量。

（3）语言科学学科。当今社会已步入信息化时代，语言应用也开始向着智能化方向发展。外语学科应该构建计算科学、神经科学、数据科学与语言科学的文理交叉，引发学生的深度学习，促进外语教学的深度变革。随着认知科学的发展，语言的生物属性逐渐被人们重视起来。与此同时，语言学也开始向着科学领域迈进，具体表现为语言研究的科学化以及语言应用的技术化。

当前，对语言的研究已开始由传统人文范式向科学范式转变。通过学科交叉，已经形成应用语言学、社会语言学、心理语言学、计算语言学、文化语言学、神经语言学等分支学科，把语言学同自然科学和社会科学联系在一起，已经形成了学科群，建立了一套完整的学科体系，形成了独立的学科领域。现代科学技术，特别是计算机科学的发展，使得现代语言研究发生了质的变化。不论是语料库语言学的兴起，还是脑科学的发展，都让人们可以充分利用现代科学理论与技术，如概率论、统计学、生物学、认知科学等，对语言开展研究。这些研究促使人们可以深入了解语言信号在人类大脑中的传递机制，这不仅有利于我们对语言机能的认识，同时也可以深入了解人类语言习得的过程。这对母语、二语乃至多语的习得以及对失语症、语言障碍的治疗等方面都有重要的意义。目前在计算语言学和自然语言处理领域，很少见到语言学家的身影，他们认为这与语言研究者对科学研究范式的认同有一定的联系。我们要从学科建设的角度对外语学科或者说语言学科进行重新定位，开展语言学科科学化建设。

（4）区域国别学。外语学科应与区域国别的相关研究结合起来，建设区域国别学，这是外语学科内涵式发展的一个全新建设思路。由于英语语言文学专业长期以来的课程涉及语言、文学、文化，同时还开设了美国概况、美国社会与文化等相关课程，这也为研究美国政治、社会、经济、外交等方面奠定了一定的基础。这种学科发展模式可以把外语学科与对象国及区域联系在一起，无论从外语学科发展的角度，还是国家社会需求的角度，均具有极大的现实意义。区域国别学学科发展方向可以结合不同区域的地缘优势来确定区域国别学方向。区域国别学学科建设凸显了外语的工具性特征，发挥了语言作为学科内容载体的作用，建立了外语与外国之间的紧密联系。将外语与政治、文化、社会、经济、外交、军事等学科相结合，建立了大国国别学，如美国学；还建立了大区域国别学，如欧洲学、非洲学、中亚学等，都是外语大学科建设的新路径。

（5）翻译学学科。翻译学是外语学科建设的主要学科发展方向，翻译人才培养基本是外语学科和专业的任务。然而，翻译是两种语言文化之间的符号转换及交流过程，必然涉及两种语言。例如，英汉翻译人才培养要求译者在两种语言均具有厚实的语言文化基础。翻译人才不应该是外语学科自身的任务，而是必须建立在汉语和外语两个学科基础上。在新文科建设框架下，外语学科与汉语学科加大交叉融合力度是提升翻译学学科建设水平以及翻译人才高质量培养的有效途径。“讲好中国故事”的前提是完全理解故事，进而才能用对方听得懂的语言讲好故事。翻译学学科建设正体现了新文科建设的宗旨，以此来提升文科建设的价值。

（6）“外语+复合学科”。“外语+复合学科”建设具体表现为“外语+外语”或“外语+专业”。以“外语+外语”为例，外语学科体系内部基本按照语种来划分分支学科，凸显了语言之间的差异。如何在外语学科内部整合不同语种分支学科，探索外语人才培养新模式是当前外语学科探索的一条新路。目前，部分外语类高校的学科发展就体现了多语复合的学科和专业建设理念，开始结合高校自身特色与办学目标而设定学校的发展内涵。例如北京外国语大学坚持“外、特、精”的理念，主要培养国家急需的复合型、复语型、高层次国际化人才；上海外国语大学则倡导培养“会语言”“通语言”“精领域”“多语种+”卓越国际化人才；广东外语外贸大学 2017 年开始设立的新增语种，均采用“小语种+英语”的双语结合的复语培养模式。这种多语复合型人才培养模式强化了外语与外语之间的关系，是“外语+外语”人才培养模式以及学科建设的一种尝试。除了一些语言类院校，国内的一些民族院校也开始结合自身特色，创新外语类学科的发展模式。例如，延边大学外国语学院就依托本地“朝汉”双语优势，结合朝鲜语和日语语际距离接近以及地缘文化相近的特点，建立英、日、朝、汉的多语种复合型人才培养模式，充分发挥了双语双文化的地域优势，探索出具有区域特色和民族特色的语言人才培养模式。“外语+专业”是外语复合型人才培养的一种思路，主要把外语与应用型学科相结合开展学科交叉建设，如商务英语、旅游英语等专业方向体现了外语学科与商学、管理学等学科之间的交叉、开展的学科建设以及专业人才的培养。

2.外语大学科建设实施路径

在“双一流”建设背景下，“新文科、大外语”是外语学科建设的内涵和发展方向。那么，在新时代背景下，如何把外语学科做“大”是外语学科当前发展的契机和面临的挑战。外语学科要以多元评价的激励机制为手段，以创新驱动、协同发展为途径，以国际化战略为支撑，做到学科发展有计划、分步骤，学科建设定位分阶段、分层次，逐步实施区域性、全国性和世界性一流外语学科建设发展的规划路径。大外语学科建设要依托国家教育发展战略，以语言为学科发展基础，实现区域化和差异化的建设模式。

（1）依托新文科建设创新式发展。从战略高度重新审视文科的作用，是国家对文科建设的重视，也是文科教育价值的自我体现。新文科建设背景下的大外语学科建设，要打破固有的思维模式，结合新文科的发展建设思路，以此为基础建设新型外语学科。对于外语学科而言，创新的思维模式主要体现在学科理念、人才培养模式、专业设置以及教学方法等方面。外语大学科建设整体上要以服务国家需求为导向，以解决社会现实问题为发展目标，学科建设要具有战略性、开放性、系统性、前瞻性等全方位大格局发展视野。大外语学科建设不仅要整合外语学科的内部优势资源，同时也要借鉴、学习其他文科及理工科的研究方法和一些理工科的知识素养来培养全面复合型语言人才。

（2）明确学科内涵定位针对性。发展高等院校要结合学校自身办学定位及地域特征，明确外语学科发展定位，针对性地开展学科内涵建设。例如，师范院校外语学科可以开展外语教育学学科建设以及外语师范人才培养；综合性大学可以重点开展外语人文学、翻译学等方向学科建设及高级外语人才培养；理工科院校可以基于学校理科和工科的基础优势开展语言科学学科建设；地方院校则应注重外语应用型人才培养，如商务英语、旅游英语等方向；民族类院校应多结合地域民族语言，注重多语能力以及语言使用技能培养等。高校外语学科内涵定位应在大外语观指导下，结合学校自身优势和地域分布特点，科学论证，凝练特色，形成优势。

（3）确定学科任务方向专业化发展。学科必须通过专业来实现人才的职业化。外语学科建设内涵和学科发展任务为外语专业人才培养模式确定指南，外语专业建设的质量和高度以及人才培养的质量离不开外语学科内涵建设基础。例如翻译学的学科任务自然包括对翻译学知识体系的研究以及翻译人才的专业化、职业化培养。然而，目前来看，翻译人才基本被认作外语人才，翻译学科也基本隶属于外语学科。事实上，翻译学具有典型的跨学科特征，翻译人才培养也不是外语学科独自可以完成的任务，必须同时甚至同比重融入汉语语言学科的相关内容。可是，就目前我国翻译专业人才培养来看，基本重点放在了外语语言能力提升方面，而忽略了汉语语言能力的提升。这种学科建设内涵必然导致翻译人才质量难以全面提升。因此必须明确学科任务，这是指导专业人才培养方向的基础。

（4）结合语言属性优势化发展。外语学科建设要充分挖掘语言的属性特征，围绕语言的资源属性、工具属性、人文属性以及民族属性等不同核心属性设定学科专业发展方向及人才培养目标。在新文科建设背景下，外语学科的内涵建设要从语言自身属性出发，以语言的不同属性特征为基础，融入相关学科知识内容，寻求新的学科发展内涵建设方向。新文科视域下的外语人才培养应该从跨学科、多学科、交叉学科等方面着手，充分发挥外语自身的属性特点。如将外语与其他文科学科结合，丰富其人文属性，形成优势互补；再如可以充分利用少数民族地区的跨境语言优势，发挥外语的民族性特征，培养多语种外语人才。

（5）强化区域特色差异化发展。外语学科内涵建设要尊重院校差异、学科差异、地理环境差异、语言本体差异以及人的差异设定学科发展方向。相比“985”“211”高校，绝大多数高校外语学科处于劣势，师资水平、教学资源、学生质量均不具备与重点大学竞争的条件。要结合院校自身实际情况，充分挖掘自身优势资源，凝练区域发展特色，差异化开展外语学科建设。院校之间的综合差异更要求外语学科建设不能按照一刀切的标准，必须以院校自身实际为基础，开展差异化的外语学科建设。

外语学科专业建设最终体现在人才培养规格上。人才培养目标要尊重事物发展的客观规律，充分认识学科自身水平以及学生能力水平。外语学科建设要有针对性，要充分发挥地缘优势，打破专业人才培养生产线一体化模式，通过专业和课程的差异化培养来打造全新的外语人才培养模式。

（6）“学科+专业+课程”一体化发展。外语学科建设应以专业为轴心，开展学科内涵建设及课程体系建设，目标是将学科知识通过不同课程实施来达到专业人才培养的目的。外语学科建设、专业建设以及课程建设应遵照一体化发展建设思路，相互支撑，互为基础。外语学科内涵建设是外语专业方向发展的指导，同时也是外语课程体系建构的理论依据，三者必须围绕相同的内涵发展理念，共同建构，其本质是同一问题的不同层级。同时，外语学科还要积极参与其他学科人才培养过程，承担并发挥外语学科的育人任务和育人价值，辅助其他学科通过

“基础外语+专业外语+专业课（外语讲授）”的途径，开展国际化人才培养，内嵌式开展外语教育，从而体现外语的人文性特征，发挥外语的育人价值。

传统外语学科建设主要以语言的工具性为出发点，并以此作为人才培养的主要任务来设定学科的发展内涵以及专业建设方向。然而，外语人才不仅要精通外语、具有跨文化理解能力，还要具有一定的专业背景知识。同时，外语学科的建设要具有时代性，能够准确把握国家需求，为国家利益服务，以全方位建设格局开展外语大学科建设，助力中国国际话语体系建设以及国际话语权能力建设。新文科视域下外语大学科建设要具有以下创新：①重视外语与国家区域结合而开展学科外延建设，如设立美国学、英国学、非洲学等；②凝练学科区域化特色，如利用民族院校的民族、区域特色开展外语学科建设；③树立语言资源观，强化外语教育对外语学科整体水平提升的重要作用，通过探索外语教育规律，形成理论方法，拓展外语学科建设内涵，为其他学科建设服务；④科学认识语言及语言研究，开展学科交叉和文理交叉建设；⑤结合“新文科”建设，融入相关学科，纵深发展外语学科内涵，凸显外语人文性的属性特点。这些均为外语学科拓展了研究领域，提出了新的研究问题，将极大地推动外语学科科学发展。

五、新文科视域下的新外语构建和学科体系

（一）课程、专业和学科

外语、外语专业和外语学科是三个不同的概念。为了探索新外语的内涵，我们有必要厘清三者之间的关系。外语即语言技能，是一门课程，无论对非外语专业还是外语专业的学生来说，外语只是他们学习专业知识和学科知识的工具。如前者是用外语学习理工农医等专业知识，后者是用外语学习外国文学知识。学科是知识分类的结果。学科的前身是知识体系，它能成为学科是因为它有和其他学科不同的或独特的知识体系、研究对象、研究方法和研究共同体。学科能从众多知识体系中脱颖而出，还因为它能面对需求，解决现实问题，这两点构成了学科的学理条件。但中国情况不同，一门“学科”即使具有充足的学理条件，如果不具备法理条件，即没有收入教育部学科目录，也不能成为真正意义上的学科。

专业和学科有关系，但又有很大区别。专业是高等学校的学业门类，而非学

科门类，是学科存在和发展的实体形式。专业是高等学校为学生提供在某一知识领域中深入地学习与研究的经历，并授予相应的学位的课程形式或实体形式。专业的主要特点是满足学生未来的工作与前途需求，满足社会与市场的需求。除了通识教育（如人文素养、科学素养、道德素养等），专业必须为本科生提供专门知识和专门能力，即具有一定深度和广度的专门知识，这就是专业教育。

一方面，专业可以由单一学科支撑，如语言学或英美文学，也可以由两个乃至更多学科支撑，如计算机语言学或心理语言学。这是因为，解决现代问题，满足社会需要，必须运用不同的学科知识体系。现代高校的专业往往由某个或多个相关知识领域中的课程组成。专业的学科交叉是常态，单一学科支撑的专业越来越少。另一方面，由于专业与个人需求和市场需求更密切相关，可以以学科为导向，但更多的是以问题为导向，或以职业为导向。

可见，学科可以有学理条件而不一定有法理条件。学科和学校颁发的学位和毕业证书没有关系，和个人工作甚至社会需求更无直接关系。专业可以有法理条件而不一定要有很充分的学理条件（指学科体系方面），但专业作为高校的课程组织形式必须满足学生和社会的需要。

（二）传统外语专业或学科的问题

用学科和专业的标准来衡量英语专业、翻译专业和公共英语，我们会发现很多问题。公共英语作为一门工具是为学生的专业学习和研究提供语言支撑或服务的。专业知识的建构和交流是因学科而异的，公共英语具有很强的专业属性。我国绝大多数高校的大学英语是以英语水平等级达标为驱动的通用英语教学或追求跨文化交际的通识英语教学，“是大多数非英语专业学生在本科教育阶段必修的公共基础课程和核心通识课程”（《大学英语教学指南（2020 年版）》）。这种游离于专业培养目标之外的教学定位，不与学生专业学习的英语能力需求结合，使公共英语成为一种鸡肋性的通识教育课程。由于得不到学校办学定位的认可，公共英语出现大幅度的学分削减，之所以还存在是靠大学英语四、六级考试苦苦支撑。

从学科角度，英语专业和翻译专业的学理条件并不充分。新近颁布的《英语专业教学指南》和《翻译专业教学指南》都自称本专业是“跨学科的”。那么自己是什么学科呢?又去跨什么学科呢?外国语言文学下面 5 个方向——外国语言研究、外国文学研究、翻译研究、国别与区域研究、比较文学与跨文化研究，它们应该是学科。而外国语言文学下所谓的13个二级学科或专业，绝大多数不是学科，也不是专业，而是课程，因为以语言基础和通识教育为核心的专业并无学科可言。当课程设置和教学内容都是语言技能教学（分别占30%和40%的学分），当学科知识是导读性的英美文学和英美小说选读，或文学翻译和科技翻译（分别仅为25%和15%学分），而其余45%的学分即为公共基础课程和教学实践，这样的专业不仅没有跨学科，而且连自身的学科体系都没有。事实上，我国绝大多数高校英语专业及翻译专业和学语言的、学技能的“对外汉语专业”几无差异，而与学科知识的“中文专业”完全不是同一体系。

从需求角度，无论是公共英语还是英语专业和翻译专业都不合格。课程和专业的最大特点是满足国家和市场的需求，而不是研究需求。尽管三个“指南”都提出了“能适应国家与地方经济建设和社会发展需要”的培养目标，但都是空的：没有具体课程和专业落实。当大学英语是一种满足通用英语水平等级达标或对应的考试的需求时，能满足有各自专业的大学生的专业学习和今后工作需求吗?英语专业和翻译专业方向都是文学、语言、翻译研究和文化研究，这些是社会对英语的迫切需求吗?

当大多数主要课程是训练去语境的通用语言技能和翻译技能时，毕业的学生不仅不能满足政治、科技和经济等领域对外语人才的社会需求，而且连自身语言文学研究的需求也无法有效满足。根据功能语言学语境理论，一个学生英语语法和词汇再丰富，听说读写译的技能再熟练，也只能说明他们只有较好的语言知识和语言技能的储备，而要能够使用这些语言知识和技能，就必须结合专门语境进行训练，如外交领域的国际关系、新闻领域的传媒知识和医学领域的话语方式等。一个听力再好的英语专业毕业生也不可能完全听懂飞行员和塔台管理员之间的对话，一个口笔译能力再强的翻译专业毕业生也不可能翻译如航海、工程、医学、法律、金融等文本。三个“指南”的培养目标和教学内容是脱节的。

从就业角度，英语专业和翻译专业的毕业生与非英语专业毕业生相比并没有任何语言优势。我们注意到随着中小学英语教育的迅速发展和英语基础好的高中毕业生对高校经济和新兴科技专业的青睐（尤其是高校招生对基础学科的倾向，即“强基”计划），许多理工医毕业生或管理经商的大学毕业生英语水平已不比英语专业学生差了，甚至有平均水平超过后者的趋势。由于他们的专业知识和相关领域英语能力，这些毕业生自然受到市场的追求。而英语专业和翻译专业的毕业生既无法到专业知识较强的涉外企业工作，也很少能够从事英美文学和语言学的教学与研究（市场需求很小），只能到和英语没有多大关系的行业就业。如果一个专业的大多数毕业生无法从事他们所学专业的工作而改行，则说明这个专业设计存在问题。

（三）新外语的三个内涵

显然，无论是英语专业、翻译专业，还是公共英语，都已不能很好地适应国家、社会和学生的需求。我们建议，要对传统外语的教学目标和培养规格重新定位，朝新外语方向发展。

新外语不是在原来课程或专业中加一些新课程或采用新教学方法，而是必须有新的理念、结构和体系。新的理念就公共外语而言，就是要从单纯学习语言技能打基础的教学定位转移到为学生专业学习和研究提供语言服务的教学目标上来。就英语专业和翻译专业而言，除外语院校和师范院校继续培养英美文学、语言学和翻译教学与研究人才外，综合院校和特色院校英语专业和翻译专业必须立即转移到满足国家和社会更广泛的科技、经济需求上。

在结构和体系方面，新外语有三个内涵。

第一，新外语必须是真正学科交叉的，尤其是和国家急需的硬学科如理工农医学科等交叉，而不是人文学科内部的跨文化或人文知识的交叉，或在认知、心理、历史等学科知识交叉。外语（这里是指专门用途外语，因为外语本身不是学科，而专门用途外语是学科）与自然工程等硬学科（主要是学科的语言）交叉，对外语教师非常艰难。只有服从和服务于经济社会发展的需要，把社会需求作为公共外语和外语专业设置与优化调整的第一准则，主动适应我国出现的新技术、新产业、新模式，传统的英语专业和翻译专业才有生存和发展的希望。

第二，新外语必须从语言研究向语言服务转移，从“无用”到“无用”和“有用”结合。传统的专业和方向设置（见外语目录的学科和专业设置）都是研究性的，如语言研究、文学研究、翻译研究和文化研究。除外语院校保留这些研究外，大部分高校都要转到语言服务、翻译服务、文化服务这些新外语上来。

第三，新外语必须重新构建自己的学科体系。只有确立新的学科体系，外语专业才可能有真正的学科交叉跨界，以及真正的定位范式转移。这种学科的寻找和确定的意义重大：就公共英语来说，可以摆脱长期以来只是一门工具而没有学科地位的尴尬；就英语专业而言，可以在英美文学、语言学、教育学这些传统学科外找到能与新工科、新医科、新农科交叉的学科，培养交叉学科点。这也回答了外语界一直在拷问的问题：“外语学科与其他学科交叉融合的边界到底在哪里?外语学科可以为交叉学科提供什么?交叉学科又能为外语学科本体建设提供什么?”

（四）专门用途语言是新外语的学科体系

新外语的自身学科是什么?新外语能为跨学科提供什么?我们认为应该是专门用途语言或专门用途外语。专门用途英语和通用外语的最大不同是：前者是一门学科，后者只是一门工具。“医学（或工程）+专门用途语言”或“专门用途语言+医学（或工程）”，才是两个学科的融合，才是真正的学科交叉。专门用途外语和专业英语或全英语教学也不同，专门用途外语还属于语言学范畴，它是研究某一学科（如医学或工程）的语言教学与研究，即医学或工程学科的知识是如何用语言构建和传播的。全英语教学是用外语去教另一学科如工科或医科的内容，是把英语当工具开设的全英语课程，这已经超越了语言教师的知识结构。

专门用途语言学是语言学下面的一个分支，它们有异有同。语言学是以人类语言为研究对象的学科，探索范围包括语言的性质、功能、结构、运用和发展，以及其他与语言有关的问题。而专门用途语言学是研究特定领域的语言性质、功能、结构、运用和发展。专门用途语言学的理论体系是：

（1）功能语言学、社会语言学和应用语言学。如韩礼德（Halliday）等从功能语言学角度最早提出了支撑专门用途外语的语域理论，即语言的词汇和句法都是随学科不同和使用场合不同发生变化的，如律师、护士、工程师所用的英语都有自己的特色；吉登斯（Giddens）从社会语言学角度提出社会分层结构理论，即不同的社会活动都有一套自己的游戏规则，各个学科各个专业也都有独特的研究范式和话语传统。

（2）哲学认识论。即各学科知识的来源及其发展形成的过程是不同的。即使同为自然学科，化学和数学（更不用说文学和历史）在建构自己的理论时使用的修辞手段、话语方式和句法结构都有很大不同。

专门用途外语是以高校各专业和社会各行业的各种语类，如学位论文、期刊论文、实验报告、法律合同、投资报告、案例分析等作为主要研究对象，主要研究不同学科中的语类及其内容知识的建构和传播规律，考察语类的场景属性、语言差异和话语实践等。专门用途英语教学就是让学生掌握他们各自专业和行业中常用语类的语篇结构和句法表达，使他们在自己的专业或行业共同体内能进行有效交际。

专门用途语言和语言学的研究方法基本一致。常用的方法包括文本分析法、调查法、观察法、批判民族志和语料库法、定量定性分析法等。其中语料库是主要的研究方法和工具，如对专业或行业中实际使用的、有代表性的真实语言（如医学期刊论文）的收集，形成几十篇，乃至上百篇、上千篇的论文的语料库，然后通过计算机对语料库所有文章进行赋码标注处理就可以揭示论文的语篇结构、修辞手段、元话语等，尤其是用什么样的句法结构来实现这些语篇功能和修辞功能的。

专门用途语言和语言学最大的区别是应用性和研究性。外国语言文学和翻译学是基于外语学科的，专门用途外语是建立在需求上，是要满足国家对新工科、新医科、新农科和新文科创新人才的培养。

可以说，没有专门用途外语，没有学生用其专业和行业共同体的研究范式和话语方式去熟练汲取和交流本专业的前沿信息和科研成果的能力，任何国际化创新人才都只是空话。专门用途外语成为新外语学科体系的学理依据是非常充分的。实际上专门用途外语作为一门学科，其法理地位早在20世纪就得到教育部认可，而它却在21世纪教育部学科和专业目录中消失了。恢复其法理地位，障碍不在教育部，而在于我们外语界还有误解和利益考量。

（五）新外语的课程和教学内容

就新公共外语而言，必须立即引入专门用途语言。即除少数外语基础确实很差的新生，须要进行一定的补救通用英语课程（可采用零学分方法），绝大多数新生应一开始就从事与他们专业相关的英语教学。就英语专业和翻译专业而言，应废除原来的专业名称，改为具体专业。除设置少数英美文学专业、英语语言学专业、文学翻译专业和政治文献翻译专业外，主要设置科技英语专业和科技翻译专业，如工程英语专业、医学英语专业和人工智能英语专业等。工程英语专业在专门用途英语学科方面开设的课程有功能语言学、语料库语言学、体裁分析和元话语导论，在交叉学科方面开设的课程有工程话语分析、工程国际会议交流、工程国际期刊论文写作和工程实验报告写作等。

无论是新公共外语还是科技英语专业和科技翻译专业，其自身学科就是专门用途语言学。它们的共性是：不是用英语去学习另一学科如医学或工程等知识，而是去研究医学等学科知识是如何用英语进行建构和传播的，如帮助学生掌握医学或工程学的期刊论文和实验报告的语篇结构、修辞手段、话语特征和句法结构，这是语言教师可以做到的，更重要的是确立自己的学科或交叉合作的资本。

它们的差异是公共外语的学生有自己的专业如医学、工程以及法律和金融，因此新公共英语学科是培养能了解和掌握自己专业和行业的研究范式和话语方式的科技人员。新英语专业和新翻译专业培养的是熟悉特定专业和行业语言交流规律的语言服务工作者。显然比起医学或工程专业的学生，尽管他们相关学科知识一般，但特定领域的语言能力较强，毕业后既可以是科技英语系、科技翻译系和新公共英语这三个教学部门的英语教师的来源，也可以到政府和企业部门进行语言服务如机器翻译开发和译后处理等。由于培养的规格不同，在教学定位和课程设置上，这两者都有很大区别。如新公共英语由于是一门大约 8 学分的课程，因此教学重点就是帮助学生掌握该专业最常用的语类（如期刊论文、实验报告等），提高他们对该语类的英语表达和交流能力。而新科技英语或新科技翻译是一门专业，有 150 学分，除了让学生掌握比较扎实的听说读写语言技能外，主要学习和掌握这个领域的所有各种常见语类（如医学期刊论文、医学实验报告、医药产品说明等）的语言规律和表达，而且他们还必须学习这个学科专业的一般知识。这个专业知识可以让合作专业院系提供相关知识课程的全英语教学。当然，这种全英语课程和专业院系的真正全英语课程还是有一定区别的，专业深度依据实际情况，如人文学科可以专业一点，自然学科可以基本一些。语言服务的专业知识课程主要不是让学生去学习和研究该学科的理论和知识，而是去帮助学生了解这个学科或专业的基本知识和主要术语，以便更好地研究其知识是如何用语言构建和传播的。科技英语或科技翻译应根据学校定位，细化为具体的医学英语专业、工程英语专业、机器翻译专业等。

目前的英语专业、翻译专业和公共英语都难以适应新时代的国家和社会发展的需要，在国家建设新工科、新医科、新农科和新文科视域下，提出新外语学科是必然的。新外语不是囿于单一的学科或专业门类，而是要追求新理念、新结构和新体系。新理念就是要从追求学科发展导向到市场和社会需求导向。

新结构就是要追求学科大交叉的跨界，而首先必须确立专门用途语言作为自己学科的依托。专门用途外语有其独特的理论体系、研究对象、研究方法和社会需求。新体系就是在原来公共英语中形成专门用途外语新课程体系，在原来英语专业和翻译专业中形成科技英语和科技翻译专业。按照这几个特点，新外语急需产生大量跨学科性、应用性、以专门用途英语为学科依托的新专业，如医学英语专业、工程英语专业、大数据英语专业、人工智能英语专业等。

为推进新外语的诞生和发展，我们提出以下两条建议。

第一，外语人的理念更新。外语界这几年一直坚持自身学科发展，轻视社会需求，强调外语要“回归人文学科属性”和“人文教育价值取向”，认为守正才能出新。我们认为守“正”是不可能有创新的，“正”只有随社会发展而不断调整才谓“正”。外语属于人文学科，但除了为人文学科服务，也必须为科技学科服务，而且外语专业首先是满足社会需求，而不是追求学科发展。多年来英语界一直抱怨“小才拥挤，大才难觅”，呼吁要培养“高层次英语人才”。但什么是高层次英语人才?国家需要的紧俏人才是在文学、语言学、翻译学、国别与区域研究、比较文学与跨文化研究这五个领域中受过学科训练的人吗?不是。国家和社会最紧缺的是能满足新工科、新医科和新农科发展的复合型英语人才。外语专业和公共外语必须是跨学科的，而且是跨国家最需要的科技学科如“强基”学科，新外语就必须探索文理交叉和以市场需求为导向的人才培养模式。

第二，学科和专业评估体系的改革。如果每年一次的高校学科和专业评估还是按照教育部目录上的外国语言文学一级、二级学科，按照上面所说的五个方向，不承认文理交叉的医学英语专业、工程英语专业或航空英语专业，不接受这些学科交叉的硕士点博士点，排斥外语教师在这些交叉学科上发表的科研成果，那么新外语的产生是不大可能的。新外语的发展首先要改变学科评估的内容，要把用于开拓学科交叉的专业和课程放在评估优秀的第一条，把守正传统单一学科的放在最后。不尝试学科交叉的英语专业则没有资格进一流专业。其次，要改变外国语言文学学科评估组成员的构成。新外语学科评估组应该有理工农医等其他学科的专家，而不是清一色的外语专家。自1978年以来，高校外语和其他领域一样迅速发展。四十多年后的今天，在国家提出培养新工科、新医科、新农科和新文科的创新人才的时代，高校外语必须与时俱进，建设新外语。这是我们这一代外语人的使命和责任，我们义不容辞。

六、新文科视域下高校英语教师专业化转型

新文科重在强调学科交叉、技术融合。新文科建设与其目标达成必会涉及教师这一教育行为实施主体。然而就知识体系结构和技术融合能力两个方面来说，当前的师资队伍水平难以满足新文科要求，高校英语教师的专业化转型迫在眉睫。教师专业化指专业精神、专业学科知识、专业能力三个方面，但目前对教师专业化转型内涵无明确界定。下面将从知识结构交叉化、研究领域跨学科化、教育实践技术化三个方面对此进行详细论述。

（一）知识结构交叉化

英语学科包括文学、语言学、跨文化研究、翻译学、区域与国别研究五个重要方面。从学科专业内容来看，其可分为学科内交叉和学科外交叉。教师首先需实现自身知识结构的交叉，即利用学科交叉特征来实现知识“嫁接”。

1.语言学交叉化

语言学研究主要语言本身。学科内交叉如语言学与国别区域研究的融合，通过国别要素研究洞悉某特定国家语言存在及变化原因。学科外交叉如社会语言学，交叉融合社会学与语言学两大学科，旨在描述社会、文化、政治、经济变化所引起的语言本体变化规律。除此之外，计算语言学、神经语言学、工程语言学等都是为解决某一具体领域的语言问题而产生的“语言学+”交叉学科。在新文科视域下建设精通此类交叉学科知识的英语教师队伍具有重要意义。外语教育不局限在语言本体语法知识范围内，而是基于国家新时代发展这一更高层面进行的改革，即“要求在中国与世界各国的交流互鉴、参与全球治理体系的建设高度上，去认识语言学的内容交叉”，如通过研究语言与民族之间的关系来分析语言多民

族化现象。

2.文学交叉化

“文学研究是关于文学文本特征、文学与社会和文化以及与文学活动相关的人类精神和情感等领域的相互关系研究”。当下的英语专业有外国语言文学方向，对文本体裁、语言风格、词汇选择等的研究均围绕语言知识展开，但一部完整的文学作品与很多非语言本体知识息息相关，如作者生活年代的政治背景、风俗习惯、精神信仰等。不考虑众多文化因素的文学分析是不彻底的。可见，高校英语教师在文学讲授时也需要做好其他层面的知识准备，如心理学中的弗洛伊德人格理论、社会学中的平庸之恶论、历史学中的历史主义和新历史主义论等，以完成教学上的文学交叉化。

3.跨文化研究交叉化

跨文化研究是利用文化背景理解语言使用及日常交际规则，而跨文化交际能力又是文化意识的重要分支。我国高校学生通过英语课程的学习不仅能掌握语言基本的听说读写译能力，还能够获得跨文化交际能力。跨文化交际能力是认知能力与行为能力的结合体，是语言学习者多维度素养的重要体现，也是促使经济社会发展的重要因素。跨文化交际绝不是单纯的语言研究，它涉及宗教、社会学、文学、艺术等各专业领域。英语教师须注意其与相关学科的交叉，从不同角度深化学生对跨文化领域的认识并在教育过程中对学生加以引导，拓宽并完善学生的跨文化研究知识体系。

4.翻译学交叉化

翻译学在中外文化交流方面起着直观而又显现的作用。译者如果没有相应的背景知识，不可能达到信达雅的翻译要求。专业领域的背景知识储备不能被高超的翻译技术所代替，高校英语教师不应为翻译而翻译，而要有意识地引导学生，使其服务于社会各领域。这需要在研究领域、教学内容和讲授方法上做出调整，适应新文科视域下的交叉学科理念。

比如，翻译伦理学是伦理学原理在翻译领域的具体应用，是关于译者的权利、责任和义务，以及译者所遵循的价值准则和规范的研究。从国家层面看，翻译旨在对外传播中国声音、讲好中国故事、树立国际形象，其文本内容涉及文学、历史、政策、经济等。教师做好翻译学知识交叉化，以确保翻译内容的真实性和准确性。

5.区域与国别研究交叉化

区域与国别研究是对某个特定国家、民族、区域的政治、经济、历史、军事、地理、宗教等的研究。当前各国经济贸易联系日益紧密，我国又处在发展上升关键期，在国际事务中的参与度也在大幅升高。这一形势下，区域国别研究成果及人才对我国极为重要。区域与国别研究本身极具学科交叉性，如与政治学、经济学、宗教学、军事学、地缘学等的交叉。英语专业教师可将关键性国别与区域研究与语言学知识相融合，并且注重思考中国文化走出去战略。可通过查找文献、阅读书籍、衔接各维度知识在头脑中建立完整的知识体系。教师的这一转型会使学生对专业知识的态度发生转变，以一个更全面的视角进行深度学习。

（二）研究领域跨学科化

跨学科化是交叉的表现与结果，在交叉后会使各个学科趋于丰富化，逐步形成新的学科，以此实现学科跨越的目标。下面将从学术课题研究跨学科化和教育实践研究跨学科化两个方面进行详细阐述。

1.学术研究跨学科化

由于学科壁垒，学术课题申报内容大都局限在特定领域内。跨学科化绝非简单的知识叠加或罗列，而是不同学科系统间基本要素的融合。大外语及特殊用途的外语是当前的研究热点。以外语与其他学科知识的系统结构性融合作为研究起点，符合新文科跨学科理念及外语复合型人才培养目标。

学术研究跨学科化也分为学科内交叉和学科外交叉。在文学中探索语言知识及其本体发展历程，实现语言学与文学的交叉，即为学科内交叉；而跨文化与艺术的融合研究及理工科英语学术论文的结构特点研究均实现英语学科与其他学科的综合专业属性，为学科外交叉。蔡基刚指出：“对于英语教师而言，虽他们无法深入了解理工科类的专业知识，但可以用其他学科的专业内容作为媒介去分析语言结构，帮助学生掌握学术领域的语言交流能力。”

2.教育实践研究跨学科化

新时代新文科的感召下，跨学科性人才培养战略对我国高校跨学科教育提出更高要求。跨学科教育不同于传统分科教育，要引入交叉学科知识，提升学生综合素质。对此学者有不同定义。韩大元解释称，跨学科教育是旨在改革教学方式、教学内容，以跨学科知识人才为培养目标的一种理念。

蒋盛楠认为其是利于学生掌握跨学科方法、培养跨学科思维、形成跨学科素养的教育。高校英语教师是跨学科教育的真正实践者、真正落实者，只有拓宽教师的培训途径，形成外语跨学科教育的教师队伍，这种新型教育理念的践行才会成为可能。如工程学术英语教学，教师拟解决的两个关键问题是跨学科课堂教学如何安排讲授内容，又配以何种教学方式。

（三）教育实践技术化

信息技术的融合是新文科建设的突出特征，是指教师在教学科研工作中融合现代化信息技术，以使转型后的专业教学凸显信息化、应用化、现代化特征。教师在科学研究、教育实践中须具备有效运用信息技术手段的能力。

1.科研方法技术化

信息时代的优势在当前科研过程中并未得到充分利用。数据搜集手段局限在观察法、对照实验法、访谈法、测试法及问卷法，其可更新为当前颇为前沿的Python软件；对于某一特定语言使用情况的调查，耗时费力的文本分析可更新为电子语料库的即时检索；对于研究对象某一特定能力变化的判断，易受因素干扰的测试法可更新为人工智能的即时测量。

这些技术化方法可极大提高科研的效率及准确度。新文科视域下，“科技能力+”是当代人才培养战略的定位之一。这些新技术手段能成为科研高效工具的前提是教师熟知它们的运转原理及使用方法。可见，科研方法技术化是高校英语教师在新文科视域下专业化转型必须考虑的问题。

2.教学手段技术化

如今是大数据时代，但学校教育依然沿用传统的师生面对面授课模式，不利用信息技术这一时代优势来优化教育教学模式，与新文科“互联网+”理念背道而驰。传统课堂教学形式与信息技术的深度融合可进一步激发学生的学习兴趣，拓宽师生互动空间，引发更深层次的学习。现在各高校试图探索更高效的教学组织方式，如微课、翻转课堂、抖音、多模态等。

利用网络资源内容也是当下的趋势，如中国大学生MOOC、精品课程、金课建设等。然而，这些技术化教学手段及网络资源还须依靠一线教师的力量发挥其最大作用。换言之，只有高校英语教师受到相关知识培训并且能够熟练运用各种技术化教学手段，新文科视域下的人才建设工作才能得到进一步推动。

新文科建设的重要特点是具有创新性、主动性、发展性、融通性和卓越性。培养具备创新能力的融合型卓越人才是新文科建设追求的人才培养目标。为完成时代赋予的育人使命，高校英语教师可根据以上专业化转型内涵做出调整与努力，以加快新文科建设。

第三节　基于新文科视域的高校翻译专业建设路径

一、基于新文科视域的翻译专业建设原则

新文科建设主要体现“积极应变，守正创新，融合发展”这三大原则，而翻译专业建设也应紧扣新文科建设内涵。

（一）积极应变

就翻译专业建设而言，积极应变一是积极应对国家战略发展需求，2019 年 8 月底，已有 136 个国家和 30 个国际组织同中国签署 195 份“一带一路”方面的合作协议，国与国之间的互联互通不断加强，中国参与国际事务，加强与全球各国的分工合作，在世界上的影响力逐步加强；同时教育部还颁布了《高等学校哲学社会科学“走出去”计划》，全国哲学社会科学规划办公室启动“中华学术外译项目”，国务院新闻办公室与新闻出版总署启动“中国文化著作对外翻译出版工程”。国家的一系列战略决策都需要高端翻译人才做好“船”与“桥”，积极服务于国家的整体发展战略。二是积极应对不断发展变化的市场需求。随着科技进步，出现了如人工智能、大数据、区块链、基因工程、虚拟技术、5G技术等新技术，也出现了“互联网+金融”“互联网+”营销等新业态，对翻译行业以及其他语言服务行业提出了新要求。此外，随着机器翻译技术在语言服务行业得到广泛应

用，技术更新日新月异，对翻译人才而言本身就是一大挑战。

（二）守正创新

"守正"即翻译专业建设中要注意翻译专业自身的专业性与特殊性。我国有281所院校都开设了翻译专业，但就目前设立的大多数课程来看，不过是英语专业的翻版，加上了一些带"翻译"两字的课程而已，缺少作为一个新专业的总体设计；翻译作为一个专业，不能仅停留在语言层面，会外语不等于会翻译，翻译与文化关系更为紧密，翻译专业需要当成一个文化专业来建设，凸显其专业性；特殊性是相对于外语专业的单语性而言，翻译专业更凸显其"双语性和交互性"，如果说，母语是外语专业的天花板，那么对翻译专业而言，母语水平就是生命线。"创新"即翻译专业建设要摆脱传统的翻译人才培养模式，简单的翻译技巧训练无法真正意义上提高学生的翻译能力。创新学生的培养模式，积极拥抱人工智能、大数据、云计算对翻译行业产生的影响，创新翻译实践训练模式，将学生的翻译实践落到实处，创新多种校企合作方式，主动对接市场需求。

（三）融合发展

教育部、财政部、国家发改委印发的《统筹推进世界一流大学和一流学科建设实施办法（暂行）》强调，一流学科建设要突出学科交叉融合和协同创新，突出与产业发展、社会需求、科技前沿紧密衔接，深化产教融合，全面提升我国高等教育在人才培养、科学研究、社会服务、文化传承创新和国际交流合作中的综合实力。翻译专业建设需立足自身专业特点，积极寻求与其他人文社会科学专业的交叉与融合，也应重视探索与自然科学相关专业间的交叉融合，以促进学生素质和能力的全面提升。

二、基于新文科视域的翻译专业建设路径

翻译专业历经20年的发展，无论是BTI还是MTI，数量上不断增长，DTI也在稳步推进，呈现一片欣欣向荣的景象。取得的成绩值得肯定，然而当前高校培养的翻译专业人才由于课程内容设置和教学方式与市场不断发展的需求脱节，毕业生工作实践经验不足，短期内还无法满足日益增长的市场需求。翻译专业培养的人才与语言服务市场的对接度依然不理想。基于对新文科内涵的理解，以及"积

极应变，守正创新，融合发展”这三大原则，以下，笔者从培养目标、课程设置、教材建设、师资队伍建设、教学模式等方面对翻译专业建设提几点建议。

（一）培养目标

翻译专业本科人才培养首先应该考虑的问题是培养什么样的翻译人才，这是一个根本性的问题，是进一步讨论培养途径的基础。我们要积极应对当今世界和语言服务市场变化，以及信息技术的发展，参考国内外院校先进做法，积极应变，超前求变，调整翻译人才培养目标。根据《中国企业走出去语言服务蓝皮书（2016）》中的语言服务市场需求调查显示，中译外的语种、外译中的语种中位居前五的是英、日、俄、法、德，而中英语言对目前中译英的需求量激增；小语种的语种需求更加多元，需求量呈现上涨态势，但整体比重不大；语言服务类型的总体需求来看，笔译、口译、文案写作占据前三位，合起来约占据语言服务市场75%的份额，其他语言服务需求比例从高到低依次是文档排版、网站本地化、语言服务培训、软件本地化、字幕和配音、本地化测试、游戏本地化等；语言服务需求的企业也呈现多元特征，主要集中在信息技术与通信、工程机械、能源、传媒、医药与医疗器械、建筑、金融、咨询等行业。因此语言服务行业对翻译专业人才的需求也从原来单一的语言类人才向语言、技术、管理、市场等多元技能融合的应用型、复合型人才发展。同时借鉴如渥太华大学翻译专业人才培养目标，其明确的定位为培养面向语言服务业需求的专业翻译人才，学生毕业后可以从事翻译、术语和基础口译工作，也可以从事第二外语的语言教学工作或者双语编辑及其他与语言服务相关的工作。因此翻译人才的培养目标既要体现地方区域特色，又要对接语言服务市场需求；既是合格的初级通用职业翻译人才，又能有“一专之长”；既能胜任专业翻译任务，又能完成语言服务行业相关岗位工作的复合型人才。部分翻译学院还将培养目标拆解成6个细分项目，分别为语言与翻译的知识层面、方法论层面、核心翻译能力层面、专业翻译中沟通层面、持续学习的能力层面和专业自主性层面，因此翻译专业建设要有总体的培养目标作为总的指导方向，同时根据各院校自身条件，将总的培养目标进行细分拆解，便于更明确地、有针对性地设计课程体系、组织教学内容、明确实习实践的目标等。

（二）课程设置

翻译专业的课程设置既应充分考虑翻译行业和语言服务市场对岗位人员的需求与变化，同时也要考虑新科技、新业态所带来的新变化；课程设置上既能体现翻译专业的专业性与特殊性，又要体现学科交叉、学科融合，做好超前求变的准备。根据2018年发布的《外国语言文学类教学质量国家标准》（以下简称《国家标准》），2019年《翻译专业本科教学指南》（以下简称《教学指南》）明确规定的三大模块的核心课程即语言知识与能力模块开设综合英语、英语听力、英语口语、英语阅读、英语写作、现代汉语、古代汉语、高级汉语写作等；翻译知识与技能模块开设翻译概论、英汉笔译、汉英笔译、应用翻译、联络口译、交替传译、专题口译等；相关知识与能力模块开设中国文化概要、英语国家概况、语言学概论、英语国家文学概要、跨文化交际等。根据新文科的内涵解读、语言服务市场的需求以及国家语言战略需求，翻译知识与技能模块可以增设翻译技术、翻译管理、职业素养等相关选修课程；相关知识与能力模块增设政治理论、法商科技、时政社科等选修课程。这些课程单独依靠翻译系/学院抑或外国语学院的资源与条件是无法满足的，也不现实。新文科建设背景下，文科内部实现跨专业交叉融合，文理、文工、文医实现跨学科交叉融合，同样自然学科也有专业交叉融合、学科交叉融合的需要，而摆在各个院校面前最大的问题是如何实行跨专业、跨院系选课。从本科抓起，从一开始就为学生搭建各种跨学科的平台，使学生从一进校就广泛涉猎人文社会科学多学科的知识。目前本科院校内部，各分院之间各自为政，如何拆除院系围墙，需要教务处全面部署。当然跨学科平台建设不可能一蹴而就，在课程设置时可以先进行论证分析，找到最迫切的学科交叉契合点，建设跨学科平台，如北京语言大学“翻译+技术”跨学科复合型人才培养课程实现了三融合：翻译类课程和技术类课程相融合、翻译教学和教育技术相融合、跨学院教学管理过程相融合。抑或建立跨学科复合课程群：传统意义上的课程过度重视知识的学科归属和逻辑体系，学科不断地分类、细化，忽视了知识体系的自身完整性及人的全面发展需求。复合课程群以知识主题为导向，超越学科中心，培养学生形成独特的跨越学科界限的知识视野和思维方式，塑造具有T型知识结构的创新型人才。因此翻译专业课程是否可以设置主题翻译课程群，如法商科技翻译课程群、时政社科翻译课程群等；再如参考苏州大学数字人文专业实验班建设理念，提炼3至5门翻译专业核心课程，形成一个课程组并以“微专业”的形式向全校所有专业学生开放。若学生完成后期翻译相关项目的训练，即可获得翻译辅修专业学习经历。这种从点开始通过翻译“微专业”的植入，也可以带动其他文科相关专业的转型升级和质量优化，带动文科资源的优化配置和流程重组，培育和发现新文科一流专业新的增长点和突破点。翻译专业课程设置也应该考虑院校所处区域特色和区域内行业分布特点，融合区域内社会文化特色，形成校本特色课程，增强翻译专业竞争力和生命力。

（三）教材建设

翻译学作为一门独立的学科，教材建设是其核心，它承担着传递课程理念、表达课程内容的使命。而翻译教材的发展也由最初随机摘取外文读物中的句段篇章作为练习材料到翻译教材初步成形（20世纪50年代），历经发展（1980—1989）、繁荣时期（1990—1999）,到21世纪呈现出多元化、专业化的特点。翻译教材也从无到有，到现在百家争鸣、百花齐放的局面，取得的成绩、对翻译教学做出的贡献值得肯定。就目前笔者所关注的翻译教材而言，存在一些问题，诸如整体上多数教材的译例多涉及文学翻译，非文学翻译译例涉及较少且译例过于陈旧；缺少紧密联系实际的翻译教材，教材虽然体现了理论联系实际的理念，但仅限于指导对应的翻译练习，与真实的翻译项目间的联系较少，对真实的翻译项目练习实践几乎没有描写；翻译教材中的内容安排，容易给学生带来一种假象，认为翻译仅是语言层面的转换关系，缺乏对翻译专业形成宏观认识等。而就新文科建设理念而言，翻译教材建设也要积极应变，对接我国语言服务市场，服务于国家语言战略需要，体现我国翻译专业特色，以及专业交叉融合的新趋势。在翻译专业本科教材编写时，提前做好需求分析论证，结合当下翻译人才培养目标新要求，明确具体的课程性质和课程目标，以提高学习者的理论水平和实践技能为本，结合现代教育技术手段，编写融合理论与实践、兼顾知识和技能、体现时代特征与语言服务行业需求的教材。其次，教材内容和形式应丰富多样，兼具知识性和实用性，体现翻译内在的文化交流功能，同时能对翻译真实项目有一定的描写，给学生提供一定的实践指南。最后，在翻译专业教材编写中，也要拓展教材的形式，除了纸质教材之外，还要尝试建设网络模拟训练配套教材（如基于互联网的模拟翻译项目流程），嵌入相关行业背景介绍，引入翻译技术应用场景，同时能紧跟新科技、新产业和新业态发展形势，做到实时更新，确保教材与语言服务行业现状不落伍不掉队。

（四）师资队伍建设

面对语言服务行业以及国家语言战略的新需求，新文科建设下各专业融合发展，传统专业范式进行转型升级，翻译专业要建设要发展，离不开师资队伍的建设。目前翻译专业师资队伍的现状是，绝大多数翻译专业的教师没有翻译行业的从业经历，更谈不上具备有价值的经验。教师在课堂上教的内容只能是从书本到书本，连自己对所教内容是否属于翻译行业的行为也无从判别，教学的内容也只能是原来外语学科解决语言问题的延伸，而并非真正意义上的职业型翻译行为。当然高校当教师的考评体系，尤其是重科研、轻实践的考核机制是这一局面形成的主要原因。因此翻译专业师资队伍建设，首先，要改革高校教师的考评体系。例如专业师资队伍可以翻译实践成果的方式进行考核，比如出版的译著、明确标注译者身份的其他译作形式、有据可考的会议同传、商贸洽谈等口译实践等。其次，专业教师要在语言服务行业进行实地锻炼，积累各项语言服务相关技能，并能进行提炼升华转化，把鲜活的知识技能带入课堂。有了语言服务岗位的实践经验，专业教师授课时，往往会摆脱教材书本的束缚，切实提高自身的翻译教学能力。再次，专业教师也要关注到语言服务行业动态，以此为基础，从事一定的教学研究和科学研究，从而站在学术前沿和行业发展前沿，更好地服务于翻译教学。又次，为专业教师尤其是青年教师提供多渠道的国内外研修方式，积极发挥校外导师的作用，开设校外导师与校内导师交流合作沙龙，帮助教师了解、掌握各种翻译或语言服务行业相关新动态、新技术运用等。最后，还可以采取校内外导师合作教学的方式，对翻译专业的建设与发展也大有裨益。

（五）教学模式

传统的翻译教学多“以教师为中心”，教师阐述某一理论，结合译例进行翻译技巧介绍，再辅以课本练习进行强化训练。这样的教学模式在学生入门初期可以适当采用，但对学生的翻译实践能力而言，这种方式的效果并不理想；并且课堂授课时间非常有限，仅凭课堂时间想提高学生的翻译实践能力也不切实际；再者传统翻译课堂讲授的内容比较单一，无法满足未来语言服务市场的多元化需求，直接影响应用型、复合型翻译人才的培养。

首先，采用建构主义理念，建立“以学生为中心”的教学模式。教师不再以翻译知识和技能的传播与呈现为主，而是扮演课堂的组织者、指导者和协作者，为学生创设良好的学习条件和环境，提供丰富的课程学习资源，激发学生的学习动机，和学生一起探讨合理的学习策略。教师可以模拟真实翻译项目流程，利用平台引入虚拟翻译项目，做好项目规划与设计，学生由原来的被动接受者，转变为主动参与者，成为知识的探究者和意义建构的主体，从而充分发挥其主观能动性和创造性，促成学生的综合实践能力的生成，有利于复合应用型翻译专业人才的培养。

其次，借助互联网和超星、慕课等课程资源平台，打造在线金课，建立丰富多彩的课程资源库，及时有效地给学生推送客观真实的翻译项目实例，弥补教材资源单一之不足；有条件的院校可以结合院校自身特点，采取教师带领学生分学科、行业领域建立语料库的方式，帮助学生了解行业术语，以及不同行业领域的译文翻译规范。

最后，创设真实的翻译实践情境，有效提升学生的翻译实践能力。校企合作是提升学生翻译实践的有效方式。聘请校外导师到学校讲授翻译实践相关课程，学生到企业实践也要注意不能流于形式。同时，翻译实践也是翻译教学的重要组成部分。学校要积极引导，转变学生对翻译实践的理解，并非只有到翻译公司进行口笔译实践才是翻译实践，到涉外公司企业、团体等，凡是跟国际交流相关单位都可以，也可以到涉外媒体、出版社等。同时，外事接待，包括着装、待人接物、站姿、坐姿、餐桌礼仪等，都是在实践中才能取得的经验。

新文科建设背景下，传统翻译专业的转型升级，寻求与其他专业、其他学科的融合发展不能一蹴而就，需要一定的前期市场分析、调研论证，需要结合各院校所处的地域特点进行分析论证，不可盲目跟风，造成同质化发展。翻译专业建设涉及方方面面，是个系统工程，本文并没有一一予以讨论。如翻译专业建设不能过于强调专业方向，学生只会一个领域，反而会限制学生的就业领域；专业方向设置上出现了口笔译一体化方向等。未来，无论是翻译教育从业人员，还是其他教育从业者，都应扛起时代赋予的责任与使命，不能故步自封、画地为牢，堵住专业发展的其他可能性。相反，新文科背景下，专业建设者应采取“以攻为守”的方式，面向未来去探索新的知识领域、开创新的知识空间、寻求新的发展空间。

第四节　基于新文科视域的“翻译＋专业”跨学科MTI人才培养模式

随着我国综合国力的不断提高，国内外语言服务行业对翻译和语言服务人才需求不断高涨，我国设置了翻译硕士专业学位（MTI），其目标是培养德、智、体全面发展，能适应全球经济一体化及提高国家国际竞争力的需要，适应国家经济、文化、社会建设需要的高层次、应用型、专业性的口笔译高级翻译人才。

据此，新文科视域下，培养符合时代需求的MTI人才，通过“语言+翻译”模式已经不合时宜。笔者认为，各MTI培养单位要从培养机制上创新，实施“翻译+专业”的跨专业、跨学科MTI人才培养方案，不断提升人才培养质量，从而深度契合国家、地区、行业对复合型高级翻译人才的真正需求。

一、当前“语言＋翻译”MTI人才培养模式现状分析

自2007年开始设置翻译硕士学位点以来，截至2019年全国已有249所院校拥有翻译硕士学位点。整体而言，大部分培养单位仍以“语言+翻译”模式作为培养MTI人才的首选，翻译硕士课程仍以英语语言文学课程为主，必修课、选修课学分比例严重失衡，课程种类较为单一，缺乏跨专业、跨学科属性课程，翻译技术类课程普遍缺失，缺乏地方及行业特色。

（一）MTI培养理念不够科学和务实，未能与时俱进

自2007年首次设立MTI学位至今，我国的产业结构、经济体量、与世界的经济联系已发生了翻天覆地的变化，国家、地区、相关行业对翻译人才的需求也相应有了较大改变，需求量更大，对优秀复合型高级翻译人才的需求日益增加。

（二）MTI 课程设置与行业岗位需求严重脱钩

课程设置存在的问题，直接导致MTI毕业生综合翻译能力素养偏重语言基本技能，知识能力结构单一，缺乏对翻译技术的掌握，缺乏跨专业、跨学科背景知识和翻译实际经验及经历，与行业岗位真正需求的多面手复合翻译人才严重脱钩。

二、新文科视域下 MTI 人才培养模式探究

（一）新文科视域下对人才培养的总体要求

新文科人才的培养要以新理论、新技术和新实践为三大抓手，充分反映中国特色哲学社会科学理论创新的最新成果，提高教育教学的时代性、学术性和针对性；将技术的革命、教学手段方法的创新及时应用到教育教学中；充分反映中国改革开放伟大实践的最新成果，将其及时转化融入教育教学中。

（二）新文科视域下 MTI 人才培养的核心理念

翻译硕士专业学位教育从 2008 年开始招生，经过十余年的发展，已经成为语言类专业中很有特色的专业学位，也赢得了学生、家长及社会的认可，报考人数激增。我们必须对相关现象有清晰的认识，加强顶层设计，加强科学研究，保障其进一步健康发展。

笔者认为，新文科视域下，MTI专业要培养“翻译+专业”跨学科背景、知中国、爱中国、堪当民族复兴大任的新时代翻译人才。

1.以语言知识和实际运用能力培养为抓手，凸显语言工具性

听、说、读、写、译是MTI专业学生的基本语言素养，对于提升语言综合素养，注意词汇数量和主题广度的积累，提高读的速度和广度、强化听说训练，注重翻译和写作文本的输出，各个环节密切结合，切实提升学生的综合语言能力。

2.以新文科思维为切入点，促进语言能力和跨学科专业能力的嵌入融合

新文科是对文科内涵、边界、结构的一次重构，并将重新定义教育、科研乃至带动理、工、医等学科体系的变化。新文科思维模式下，文科专业的教育更具人文关怀，在“互联网+”时代将牢牢把握住“以人为本，以生为本”的教育

理念。在此背景下，“语言+”跨学科的复合式新翻译人才培养模式将注重语言能力和专业素养的深度融合，以专业促翻译，切实保障人才培养出现“语言能力强”“专业素养高”的双赢局面。

3.以“培养知中国、爱中国、堪当民族复兴大任的新时代文科人才”为核心理念，注重人才培养过程中思政元素的介入

办好高等文科教育，最根本的是要全面贯彻党的教育方针，解决好培养什么人、怎样培养人、为谁培养人这个根本问题。在新文科视域下，我们要确保培养的新时代跨专业、跨学科MTI人才是又红又专的社会主义建设者和接班人，务必确保培养的MTI人才在掌握好外语能力和翻译本领的同时，对自己的祖国有全面而深刻的认识，从内心热爱祖国，将青春的诗和远方播撒在祖国的辽阔大地上，以实际行动将自己所学应用于祖国如火如荼的社会主义现代化建设中，勇于担当，争做肩扛中华民族伟大复兴的新时代文科人才。

4.以“讲好中国故事，传播好中国声音”为人才培养目标，助力传播光耀时代和世界的中华文化软实力

新时代的MTI人才，必定将讲故事作为国际交往中传播中国文化和声音的最佳方式。要讲好中国特色社会主义的故事，讲好中国梦的故事，讲好中国人的故事，讲好中华优秀文化的故事，讲好中国和平发展的故事。讲故事就是讲事实、讲形象、讲情感、讲道理，讲事实才能说服人，讲形象才能打动人，讲情感才能感染人，讲道理才能影响人。

同时，我们培养的新文科MTI人才在中外文化沟通交流中，务必要保持对自身文化的自信、耐力、定力。只要我们加强交流，持之以恒，偏见和误解就会消弭于无形。我国要提高国家文化软实力，就必须使当代中国价值观念走向世界。要加强提炼和阐释，拓展对外传播平台和载体，把当代中国价值观念贯穿于国际交流和传播的方方面面。

（三）新文科视域下MTI人才核心素养要求

1.具备较高的外语语言综合运用能力

确保新文科跨专业、跨学科MTI人才入校前获取其语种（如英语）全国大

学外语六级证书，研一时全部获取CATTI三级证书，研二时绝大部分学生获取CATTI二级证书，毕业时部分学生通过CATTI一级考试。

2.具备扎实的跨专业、跨学科知识和技能

以经济学、国际贸易类专业和学科为例，新文科视域下的MTI学生应该对相关专业和学科的知识有良好的掌握，具备从事经贸类文献、国际经济类学术会议、国际商务沟通、国际商务谈判、国际贸易纠纷仲裁等国际贸易类翻译工作的技术和能力。

3.具备全球化视野

“一带一路”和全球治理背景下，语言与文字所承载的沟通、交融的使命越发凸显。语言是认知世界最重要的工具，人是认知的主体，世界是认识的客体，正是因为人类具备掌握语言的能力，因而才可能认知世界，文明才能持续不断地进步。

面对全球化发展和全球治理这一时代背景，我们应超越时空，借助语言这一认识世界的工具，深入认识不同文明间的差异，促进不同文明间的交流，从而构建全新的全球知识体系。新文科MTI人才培养要特别注重提升学生的全球理解能力，要以“诠释世界·成就未来”为办学理念，致力于培养“会语言，通国别，精领域”的“多语种+”卓越国际化翻译人才。

笔者建议，要达成上述目标，各MTI培养院校应结合现有MTI培养方案进行创新性顶层设计，课程及学分设置上要突出语言能力和专业素养的高度融合；密切结合课程内容实施课程思政元素搜集及其嵌入设计，确保德育为先、育人于无声处；充分利用讲座、竞赛、文化节等第二课堂建设活动强化道德情操和培养全球化视野。多管齐下，新文科视域下的MTI人才方能培养顺利。

第五节　基于新文科视域的 MTI 特色翻译课程体系构建

2004 年 10 月，欧盟笔译硕士课程项目正式启动。该课程以翻译技能为培训重点，旨在培养高层次专业翻译人员。英国利兹大学的翻译中心是欧盟的翻译合作伙伴，所涉语言除英语外还有阿、汉、法、德等十余种。伦敦帝国学院开设有翻译技术与医学翻译硕士学位课程。澳大利亚拥有独具特色的翻译教育体系。研究者调查了澳大利亚 19 所大学和学院的翻译教育与课程设置现状。研究发现，澳大利亚翻译教育学制灵活，培养模式多样，职业化教育特色突出，课程设置与考试认证体系结合紧密。

一、建设翻译硕士特色课程的必要性

目前国内大多MTI的课程体系建设集中在传统笔译和口译课程上，少有MTI特色课程的探究。因此有学者认为，翻译硕士的课程设置应立足于当地市场需求，发展自身特色专业，培养高层次、应用型翻译人才。广东外语外贸大学校长仲伟合曾在《中国翻译》的一篇《翻译硕士专业学位MTI教育点的建设》中建议，教育点可根据自身的教学强项决定培养方向，除“口译”“笔译”外，还可以有自己的特色课程。无论开设何种方向，都要有科学合理的课程设置，形成有特色的课程体系。提到某个课程人们就会很自然地想到开设这门课程的那所学校，这样的课程，才是特色课程，体现为独一无二的竞争力。

我国香港中文大学的MTI字幕翻译课程以其自身特色吸引众多学生，在众所名校中保持长期竞争优势，其影视翻译课程设置包括：字幕翻译的理论基础，字幕翻译的原则技巧，字幕翻译所需软件的详细讲解以及实际操作，并聘请了TVB的资深字幕翻译员来校做讲座，努力尝试形成学校和市场的对接。但是香港中文大学的MTI影视翻译课程，作为MTI众多课程中的一门选修课，没有形成系统的级层课程体系，也没有引入真实的翻译项目，学生的实践能力不够，同时未能满足市场的需要。为此，笔者在其课程设置基础上以影视翻译课程为切入点，进行相关研究，提出MTI“基于级层的”课程体系建设。

二、字幕翻译课程的教学意义

字幕翻译在语言教学中，传统上主要集中于准备阅读材料，对学习者主要是听力能力的影响，而较少针对口语技能。近年来，欧洲影视翻译和越来越多的翻译培训课程开始涉及字幕模块，提出了一个用于教学目的的分析模型。

虽然大多数研究集中在对学习者的阅读和理解能力，但语际字幕有助于学习者不仅更好地理解真实的语言输入，也可产生交际性输出的潜在价值。语际字幕和字幕的外语学习者的积极作用结合了听、读、写等多方面元素，并有机会注意到言语行为，它可以通过任务型和其他专门设计活动被内化。在外语类生产公司，最近的研究已在外语教学字幕方面更进一步。软件学习通过字幕（LVS），由第三级机构协调的希腊远程教育学校联合开发，须要把字幕翻译成外语教学。LVS是一个学习语言的工具，在许多方面不同于专业或半专业的字幕软件，最明显的是，它允许从学生和教师提供反馈。外语学习中的字幕创作是一个翻译的过程，鼓励批判与反思：连接两个独立的语言系统（源语与译语）在相同的视觉输入，这意味着从口头移到书面代码，字幕鼓励对比意识和滞留的处理量，因为它涉及视觉和语言代码。尤其是中级和初级学习者，认知作为一种语言和非语言表示的动态关联的过程。他假设两个独立的系统，使人类的认知存在：言语—语言处理和存储信息和非语言的处理和存储图像。两者之间的联系及相互关系，创造一个双重编码的情况，它可以提高记忆力。对于高级学习者，代码转换和字幕导致对比知识和对比分析和翻译过程的进一步理解句法结构。

现在字幕翻译作为课程培训和学术研究一直在增加。就学生们的习惯来说，翻译模块意味着在内心里和下意识地形成了定向的思维模式。在配字幕的运用上，翻译技巧和用词都是协调的，而不是注重每个词组，一个一个词地去翻译。在先进的翻译课堂上它能帮助学生们欣赏电影语言中的多维性，引领他们把交流行为作为一个整体进行考虑，而不是只注意单独的几个词或条目。

三、字幕翻译的课堂实施

Taylor的多方式转录是Thibauld的略微减少的版本，并且在课堂环境下非常有效。Taylor打破了对一个框架的整体分析，转化成四个主要元素并且代替了带有“出现在文本中的符号方式的全面解释”的功能系列：可见图像（Visual image）、动态动作（Kinesic action）、音轨（Soundtrack）、字幕（Subtitle）。在应用于提高翻译能力的课程中，具体实施过程分为三个阶段：①语义结构的解构；②语义结构在FL基础上的重建；③ 2 阶段的分析。合理安排，肖像，摄影，规划，流动性，图形，句法。再次，要求学生集中精力。关于语言、副语言、（声音的音量，暂停等）、图形（特别是图像在对话但跨任务的重要意义没有提到）和移动代码，并不是所有代码都根据场景进行分析。

四、课程设置

就电影中涉及的文化要素来说，由于中西文化之间的巨大差异，我们不能逐字翻译。译者应该选择相似的词或者文化意象来进行翻译，这样才会得到观众的理解和认可。

我们可以使用转换、模仿、地道的语言、文化适应，文化借用、仿造、交流翻译、文化翻译，等等。

许多外国的东西被重新改写或者重新解释以方便人们理解大意。这个过程往往会以刺激有趣的新的形式出现，包括其他事情的适应，以及不同于其他文化的事情。在文化中适应也是很有趣的，事实上它可能会导致误解，但是在一个新的文化背景下，它会呈现为一个新的标记。适应（或许就是同化，当然也是交换），讲述了这个创造性的过程。当我们决定要选哪种方法的时候，应该考虑下面提到的这些因素：“体裁”、翻译的忠实度以及时空的限制。

五、翻译策略

（一）增译减译

文学作品的翻译可以根据译者的理解，自由调整词序，或不受到字数的限制对文本进行发挥，加注甚至编译。影视剧翻译却严格受到时间空间的限制。由于字幕出现、消失的时间大体上应与说话人开始、结束话语的时间一致，因此字幕在屏幕上的显示时间只有短短几秒钟。另外，考虑到观众的阅读速度，字幕翻译者建议屏幕上每次最好只显示一行汉字，而且字数不能超过 13 个。另外，字幕翻译的一大特点是瞬间性和不可回看性，因此在影视剧翻译过程中，增减成分是非常重要的一个翻译手段。美国著名影片《巴顿将军》，其实英文电影的名字只是Patton，但是如果我们直译为巴顿，对于不了解美国文化的中国观众来讲，就很难理解这个电影的主题；类似的还有《阿甘正传》,原文其实只是人名字Forrest Gump,译成“阿甘”显然不好；好莱坞影片Speed，译成了《生死时速》，不仅点出了电影的主题，而且吸引眼球，增加商业收益，因为影视剧作品毕竟是一种商品，是要追求利润的，好的影片名翻译可以起到锦上添花的作用。再如经典影片《黑客帝国》，原名为Matrix,如直译为“矩阵”,岂不乏味?

（二）文化意象的转译

作者之所以建议把文化意象的翻译单独设立一个课程，是因为在字幕翻译中，一方面必须尽量译出原文化的语言特色，吸纳外语表达特点；另一方面又必须恪守本族文化的语言传统，用具有译语文化色彩的词语来翻译原文本。直译或意译时都要以观众为中心。直译能吸收外来有益的新因素，能更加反映异国的事物及情调。意译则更能让译语观众接受。电影的字幕翻译必须考虑到观众语言水平的高低、所受教育的不一，必须以目的语的观众为中心，采取正确的翻译策略。因字幕翻译在时间和空间上的限制，原电影中许多具有浓厚文化色彩的词语以及一些特殊的语言形式，因不同语言民族文化上的空缺和不可代替性，加大了字幕翻译的难度。电影《非诚勿扰》译为“If You Are the One”；沙博里将《水浒传》译为“Outlaws of the Marsh”（沼泽地上的亡命之徒）；杨宪益将屈原的《国殇》译为“For Those Fallen for Their Country”。作者建议文化意象的翻译应单独设置一个系列课程，根据学校自身的情况，可以设置西方文化概论、汉语语言特点、文化意象。

（三）浓缩

“缩译的基本原则主要是：原作的缩微性，内容的简要性，以及浓缩的客观性。”（黄忠廉，1999）译者采用浓缩性的语言传达原文的主要内容，将原文内容缩小为几分之一，影视剧字幕翻译主要运用的具体方法为：第一，采用简单的句式结构。第二，只译关键词。第三，压缩性意译，即用较为简单的语句译出原话的意义。第四，缩减法。在这里须要强调的是缩减绝对不能盲目地为图减少字数，而减掉原文重要信息，译者应遵循交际性的原则，即目的语观众在有限的时间空间内以及固有认知内无法解读，却又无法像文学翻译那样加注以向观众解释说明的信息，译者可以省略。

本书只是列举了影视字幕翻译课程体系建设中的几个特色课程，也是字幕翻译的难点。学校应根据学生的实际水平和市场需求适度调整，比如还可以开设如下课程：禁忌语的翻译、浓缩、影视剧片名翻译等，还可以结合计算机辅助翻译，开设术语库、字幕制作等课程。学校应逐步形成有自身特色的翻译硕士课程。MTI教学的最终目标是提高学生的职业翻译能力，具有特色的实用影视翻译课程体系的建设可以为学生和学校带来双赢。

六、字幕翻译在翻译硕士课程体系建设中的重难点

（一）字幕翻译中的难点

提到电影翻译，我们想到的第一个方面就是它的娱乐价值，还有它在字幕翻译中不规范的或者突出的错误，这一点在DVD版本中表现得尤为突出。做翻译研究的那些人宁愿研究莎士比亚的翻译作品，也不愿意研究美国肥皂剧的翻译作品。在电影翻译上缺乏学术兴趣给理论性的分析提供了空间。尤其是忽略了文化看法在电影翻译各个方面做决定时有所影响。

社会文化可以在非口头或者口头形式的艺术作品中被发现。不同的文化特征可能在群体电影中明显地反映出来。每部电影、影视剧或者肥皂剧都揭露了人们的生活方式，揭示了社会的情感和民俗特色等方面。电影比非口头艺术（如绘画、雕塑）要更逼真。最重要的是，电影可以感染很多人并且能够提高文化意识，这一点是非口头艺术甚至文学作品所不能比拟的。仅仅因为电影是文化的产物，在翻译过程中很多问题也就随之出现了。这些在影视翻译中的文化问题可能是地理的、历史的、政治的，甚至是建筑、工具习俗和仪式。除此之外，“电影包含符合习俗、道德、价值观、生活风格、生活标准和工业系统的意识形态以及经济类的信息”。这些不同点在东西方文化之间是很明显的。如一名悲剧英国作

家有义务在舞台上展现历史的悲剧结局。然而，难以接受震惊的且心理承受能力较弱的中国人是从来不愿意接受这样的结局的。他们更喜欢一个婉转的表达，例如：梁祝化蝶的结局。

很多电影片名都不是逐字翻译的，因为他们代表典型的文化意识和深层次的观众难以理解和接受的文化意蕴。译者应该在分析完整个电影后，结合本国文化特色翻译片名。这也使观众能够从译名中立刻领会主题。例如，19 世纪 80 年代,一场著名的英国电影“Red Shoes”第一次被译为“红舞鞋”，这个片名没有译错，但是后来它又被变为“红菱艳”，这暗示了舞者的辛酸泪。另一个例子是“Waterloo Bridge”。如果我们把它译为“滑铁卢桥”，人们会理所当然地认为这部电影会与战争有关。然而，这部电影讲的是一个爱情故事。所以片名就改为“魂断蓝桥”。在翻译片名时我们应该找到文化平等。拿One Flew Over the Cuckoo’s Nest为例,Cuckoo’s Nest与鸟巢无关，相反，这是一个成语，意思是疯人院，所以中国的版本从“杜鹃窝”改为“飞越疯人院”。有时片名是人名或地名。当然，在不会造成文化误解的前提下，这类的片名可以直接翻译。但是大多时候，观众都不太了解外国名字，那就须要加备注了,例如Patton：巴顿将军；Forrest Gump：阿甘正传。好的译名可以对电影起到装饰作用，并且影响观众。使他们能够更容易地接受电影中的观念和文化。例如，Speed：生死时速；Matrix：黑客帝国；While You Were Sleeping：二见钟情；Gone With the Wind：乱世佳人。因此,译者要牢记，除了片名的表面意思，我们也应该产生文化共鸣。

“好的字幕不会拯救一个坏的电影，但不恰当的字幕却会毁坏一个好的电影。”所以什么才算是好的字幕呢?笔者认为最好的是“无形的”，能够准确控制时间的，并且能够接近最初的风格简明的表达导演在电影中所要表达的意图，而不是牵强的翻译。字幕翻译是一个创造的过程，在这个过程中我们转换语言，最重要的是我们翻译了文化。我们应该有目标导向，遗憾的是，由于字幕翻译受时空限制，很多文化要素不能被完全翻译过来。在文学翻译中，我们可以加注释，但是电影翻译不是这样。

（二）字幕翻译的重点

英语真正的胜利在于它作为第二语言极具重要性。“在这个工业化世界，很多人每天都置身于英语的环境中——通过广告、商标名、英语歌词、频繁地带有字幕电影的产出。”因此毫无疑问，译者是外国文化价值观的传入者。关于这一点，之前的很多译者都讨论过。所以在此处笔者不想讨论这点，相反，笔者想要提一提译者在将中国文化带到西方国家所扮演的角色。将中国文化译为英语是将鲜为人知的文化传入西方文明的媒介。就拿电影翻译来说，我们有许多译者将西方文化传入中国，中国人了解西方文化的程度比西方人了解中国文化的程度要深。巴比伦文化、亚述文化、印加玛雅文化，这些都曾在世界上占有一席之位，而现在却永久地消失了。在当代，西方文化展现出了不可避免的危机，一些有远见的西方学者越来越意识到东方文化的价值和内涵。因此对于译者来说，这是一个好机会，译者有责任去凸显我们的文化精神和特征，将中国文化传向世界，这将具有十分重要的意义。

参考文献

［1］胡竞. 生态翻译学理论与应用文体的生态翻译研究[M]. 青岛：中国海洋大学出版社, 2023.

［2］王伦. 翻译教学与翻译能力培养研究[M]. 北京：北京工业大学出版社, 2023.

［3］林韶南. 翻译教学与翻译人才培养研究[M]. 北京：北京工业大学出版社, 2023.

［4］李小坤. 新文科背景下的外语教学研究[M]. 上海：上海交通大学出版社, 2022.

［5］樊超. 独立学科视域下的翻译学研究与发展[M]. 长春：吉林大学出版社, 2022.

［6］夏甘霖. 新文科背景下的语言文化研究和教育教学思考[M]. 上海：上海社会科学院出版社, 2022.

［7］朱之红. 新文科背景下的科技英语翻译研究[M]. 北京：中国纺织出版社, 2022.

［8］谢建奎. 科技英语教程 新文科背景下科技意识语言和翻译[M]. 长春：吉林大学出版社, 2022.

［9］周翔，史家银，毕晓峰. 新文科探究[M]. 昆明：云南大学出版社, 2021.

［10］田恩铭，邹晓伟. 新文科视野下的人文教育研究[M]. 哈尔滨：黑龙江大学出版社, 2021.

［11］单俊，刘鹰，邱枫. 新文科背景下应用型外语类专业集群的构建[M]. 上海：东华大学出版社, 2021.

[12] 杨娇. 基于文化视角的英语翻译新论[M]. 长春：吉林人民出版社, 2021.

[13] 赵护林. 翻译测评理论与实践研究[M]. 武汉：武汉大学出版社, 2021.

[14] 王伟华. 文学翻译视域下的翻译教学研究[M]. 武汉：武汉大学出版社, 2021.

[15] 刘若男. 英语翻译人才的培养与教学创新研究[M]. 北京：九州出版社, 2020.

[16] 黄丹丹，王娟. 翻译能力的构成以及培养研究[M]. 西安：西北工业大学出版社, 2020.

[17] 夏荥. 跨文化教育与翻译能力的培养[M]. 长春：吉林人民出版社, 2020.

[18] 邱敏. 跨文化传播视阈下的应用翻译研究[M]. 杭州：浙江工商大学出版社, 2020.

[19] 陈媛. 跨文化交际中的翻译理论与实例[M]. 吉林出版集团股份有限公司, 2020.

[20] 高琳. 高校英语翻译教学理论与实践探究[M]. 长春：吉林出版集团股份有限公司, 2020.

[21] 张继媛. 英语人才培养创新与发展[M]. 天津：天津科学技术出版社, 2020.

[22] 姜海清. 翻译学的多维研究视角[M]. 北京：中国国际广播出版社, 2019.

[23] 盛辉. 语言翻译与跨文化交际人才培养策略研究[M]. 长春：东北师范大学出版社, 2019.

[24] 段晓茜. 基于人才培养的翻译教学改革研究[M]. 北京：九州出版社, 2019.

[25] 黄净. 跨文化交际与翻译技能[M]. 天津：天津大学出版社, 2019.

[26] 陈定刚. 翻译教改实践与创新[M]. 长春：东北师范大学出版社, 2019.

[27] 程珊珊. 现代英语翻译理论与实践研究[M]. 成都：四川大学出版社, 2019.

[28] 王大维，王中立，王军著. 新时代科技英语翻译路径研究[M]. 南京：东南大学出版社, 2019.06.

[29] 崔秀芬. 英汉翻译教学与研究[M]. 沈阳：辽海出版社, 2019.

[30] 孟静. 大学英语翻译理论与实践探索[M]. 长春：吉林人民出版社, 2019.

[31] 陈定刚. 翻译教学导论[M].北京：中国原子能出版社, 2019.

[32] 李媛莹. 英语教学及翻译技巧研究[M]. 延吉：延边大学出版社, 2019.

[33] 陈秀春. 英语翻译理论与应用型翻译人才培养研究[M]. 北京：北京工业大学出版社, 2018.

[34] 陈定刚. 新媒体时代翻译教学研究[M]. 沈阳：辽宁大学出版社, 2018.